基于分时实名预约的

文旅行业综合管控研究

中国旅游研究院（文化和旅游部数据中心）

浙江智游宝信息科技有限公司　◎ 著

浙江深大智能科技有限公司

中国旅游出版社

编委会

目 录

第一章　多业态下分时实名预约模式研究

一、研究背景

（一）预约旅游的国内外发展现状

预约旅游是指游客通过门票预订、线上预约等形式提前进行旅游产品及服务的报名，可有效避免出行体验受限等问题的旅游方式，目前已成为实现旅游精细化运营的重要途径。

1. 国外预约旅游发展现状

从理论角度看，国外预约旅游的相关理论研究多以航空机票、电影票、地铁火车门票、酒店等在线预订为研究对象，主要关注"机票在线预订对客户忠诚度影响的决定因素""在线预订系统如何满足客户需求""在线电影票务预订系统的比较研究""网站质量对在线旅行机票预订客户满意度和购买意愿的影响"等，专门针对景区、景点门票在线预约的研究比较少。

从市场实践来看，互联网科技支撑下预约旅游依托在线旅游平台快速发展，国际在线旅游平台成为游客出游预约的主要渠道。随着全球化趋势的不断深化，旅游成为各国经济发展的重要引擎，全球众多国家和地区加速了在线旅游平台的发展和预约服务。

国外旅游预约平台以 Expedia、Booking 等大型旅游集团为代表，预约服务包括旅游预订、航空公司、导航、打车、共享电动自行车等内容。以美国为例，移动 App 营销智能服务商 SensorTower 发布的《2021 年旅游 App 现状报告》数据显示，在全美下载量排名前十的旅游预订 App 中，有 5 个属于 Expedia Group 旗下，分别为 Expedia、Hotels.com、Orbitz 和 Travelocity；Booking 集团旗下有 3 个品牌入榜前十，分别是 Booking.com、Priceline 和 Kayak；旅游票价预测公司 Hopper 在疫情期间发展迅速，2018~2021 年，Hopper 的下载量从第 3 位跃升至第 1 位。

欧洲市场，欧洲最大旅游集团、德国旅游业巨头途易（TUI）在疫情爆发后推出了在线预订服务，游客可以通过线上直接向途易预订旅游产品。途易通过升级客户系统，以满足游客更灵活的预订需求，而且如果游客取消预订，平台将在法律规定的 14 天内向顾客退款。

亚洲市场，总部位于新加坡的 Agoda 平台（Booking 集团旗下亚太市场品牌）推出 Beds Network 方案扩大酒店批发分销领域，连接全球 1 万多个合作伙伴，升级住宿预约服务。旅游目的地运营 Klook 与当地景点合作，帮助其进行数字化升级，提供在线预订和支付服务。

自 2020 年起，新冠肺炎疫情让全球旅游市场进入寒冬期。寒冬之下，预约旅游模式发生了巨大变革，游客对于高性价比、高透明度和高灵活度的产品需求更加凸显，Booking 等平台积极推进数字化升级、依托技术贴近游客，以需求为导向，以数字营销为手段，适应不断变化的市场。

2. 国内预约旅游发展现状

（1）理论研究。

目前国内外对景区门票预约制的研究相对较少，对于预约旅游的研究也仅仅是停留在案例分析和探讨阶段。对于预约旅游的概念、理论、模型、应用等方面的研究还没有形成完整的体系。在知网中以"预约旅游""门票预约"为关键词搜索发现，国内对于旅游预约制的报道和研究数量呈现逐渐增长趋势，在一定程度上说明国内预约旅游研究已经引起行业及学者的广泛关注。

（2）政策引领。

2015 年起，国家开始倡导景区实施门票预约制度。2019 年 8 月，从生态保护角度出发，文旅部提出"鼓励景区尤其是资源脆弱型景区推行门票预约，推动景区提质扩容",并提出"到 2022 年,国家 5A 级旅游景区将全面实行门票预约制度"。2020 年,新冠疫情加速了旅游行业变革,也改变了居民出游方式,预约出行成为势在必行的行业共识和政策焦点。

受疫情影响,"预约、限量、错峰"成为旅游目的地开放和居民出行的重要指引。2020 年五一假期,文化和旅游部要求各地景区景点在五一期间要严格落实"限量、预约、错峰"的要求,根据自身承载能力和当地疫情防控指挥机构要求,合理确定、严格执行限量要求,控制好接待游客的数量,并全面实施门票预约制度。随后,国内进入疫情常态化防控阶段,预约制度不断完善、预约相关政策层层落实,保障国内旅游市场稳定运行。

(3)行业实践。

预约出行对于合理疏导旅游客流、优化旅游资源配置具有积极作用。早在疫情暴发前,通过预约旅游实现削峰填谷、优化运营的尝试便已开始。通过预约旅游游客数量并未下降,相反,预约对于不同类型景区的安全、游客体验、运营管理等价值也逐渐凸显。以故宫为例,相关负责人表示,2015 年故宫全面实行预约旅游、推出当日限流 8 万人次的政策之后,全年游客总量非但没有下降,平均每年还有 10%~15% 的客流增长。2019 年客流量达 1900万人次,是未实施电子票之前的 1.58 倍。

2020 年新冠疫情暴发后,在防控形势和预约政策的双重因素驱动下,国内旅游景区、旅游目的地以及旅游的各个环节都在积极推进预约模式、完善预约服务,助力旅游行业持续复苏。2020 年以后,越来越多的景区意识到预约对于控制客流、保障安全出行、提高综合管控的重要意义,景区及目的地的预约制度有效推进,且取得突出成效。围绕旅游行业的预约诉求,OTA 平台、旅游目的地专业运营机构、互联网科技企业等积极布局,以数字化、信息化服务支撑旅游行业预约需求。

(二)分时预约推广的背景与意义

新冠疫情暴发后,旅游已无法回到过去,分时预约成为市场主流。

从政策导向看，2020年4月13日，文化和旅游部、国家卫健委联合印发了《关于做好旅游景区疫情防控和安全有序开放工作的通知》，通知要求旅游景区要建立完善的预约制度，通过即时通信工具、手机客户端、景区官网、电话预约等多种渠道，推行分时段游览预约，引导游客间隔入园、错峰旅游。有条件的地区要充分发挥本地"互联网＋旅游"服务平台的作用，并采取大数据分析等多种新技术手段，推动智慧旅游，科学分流、疏导游客，做到旅游景区流量管理关口前置，严控客流。国家顶层设计中对文化和旅游行业的分时预约提出了更高的要求。

从游客需求看，旅游高质量发展阶段，游客需求碎片化、精细化的趋势不断凸显，旅游预约既需要满足避免人满为患、安心安全出行的基本诉求，也要满足游客即时预订、个性体验、精益服务的深层需求。立足分时预约，为游客提供更舒适、安全的环境，通过快捷、精细的预约服务，提供多纬度、多层次的产品和服务预订，成为市场的需求热点。中国社会科学院研究员、财经院旅游与休闲研究室主任戴学锋提道："我们国家已经进入一个小众、高端、长距离、精细化的旅游需求阶段，未来阶段的预约旅游，不仅需要解决人满为患的问题，更需要去探索符合现代化、精细化旅游服务的预约旅游制度和体验。"

从企业实践看，文化和旅游行业在后疫情时代都面临着疫情管理手段缺失、综合防控能力不足、现有技术方案无法支撑管理需求的问题。常态化防控形势下，旅游行业需要更精细的预约（分时预约）制度来严格把控客流规模，避免聚集，保障游客安全，提高其出游意愿。待疫情过后，旅游目的地等依然需要通过分时预约动态掌握流量变化、平衡淡旺季、优化服务资源配置、提升综合监测和管理水平。

文化和旅游部数据显示，截至2020年9月，全国280家国家5A级旅游景区中已有264家景区建立实施了分时预约制度，占国家5A级景区总量的94%左右。

二、多业态分时实名预约模式研究

（一）分时预约的技术基础与实现流程

分时预约是景区、公共文化空间等休闲场所在原有实名制的基础上实施分时段参观的制度，即把每个开放日划分成若干个游览时段，游客仅在预约的日期、时间才能进行游览或体验。在建设分时预约的时候，需要根据旅游目的地等的实际运营情况以及需求考虑各个时间段的票务库存以及游客的预约渠道。

分时预约的实现基础是售票网络化和实名制登记。以景区为例，分时预约模式下，景区会根据其承载量将门票库存分配给若干时段供游客选择，引导游客错峰入园，提高入园时效。游客通过官网、公众号、OTA 平台或其他授权渠道预约游览日期和时间段，绑定身份信息后，在预约的时间段内来到景区，核验后入园游览。分时预约需要配套实名制是自然而然的结果。实行分时段预约，就存在最优时段和次优时段，如果不实行实名制预约，游客预订都会选择在好的时段游览，容易滋生黄牛倒票等现象，所以统一采取实名制预约，机会均等，先到先得。目前，实名预约购票主要分为三种方式：现场扫码购票、网络预订、窗口购票。网络实名预约系统的改造和普及，能够帮助景区再造购票系统流程，重构供应链体系。

分时预约管理是一项非常复杂的系统工程，会受到景区内/外部交通、动线和服务设计、信息生产等各种条件限制。分时预约不同于排队叫号，也不仅仅是游客选择自己喜欢的时段预约入园，而是对景区流量的精准管控，涉及诸多方面：（1）预约时段的库存控制方面，每个时段放多少库存，才能精准控制客流量；（2）渠道的覆盖面设定，在各类 OTA 渠道也都能实现分时段预约；（3）渠道的库存分配方面，不同售票渠道如何分配库存（专享或者共享库存）；（4）系统的应急处理机制方面，按预约时间点，若有游客早到或者迟到，系统是否有相应的处理机制；（5）预约公告提醒设置，包括在快到预约时间点时是否有及时提醒等。

可采用智游宝分时预约快速入园系统，该系统是中国旅游研究院和深大智能联合实验室，依托"科技助力经济2020"重大专项课题自主研制的一套景区入园管理装备系统，由分时预约系统、票务综合管理系统、入园管理控制装备三部分组成。（1）分时预约系统主要用于游客在互联网和现场的预约，游客通过该系统进行时段库存管控、余票信息查看，预约时段选择、信息录入等操作，通过系统将预约信息、用户信息、购票信息发送到景区票务综合管理系统。（2）票务综合管理系统主要用于景区票务基础信息的管控、实时售票情况的监控，以及各门票渠道的综合管理、出入口闸机的控制，通过线下票务系统进行景区分时段票仓的管理与控制，确保每个时段的客流能够精准控制，便于景区现场管理，支撑景区经营与正常运转。（3）入园管理控制装备由景区智能闸机与手持式智能终端共同组成。景区智能闸机配置有人脸识别控制装置，通过对游客进行"人票证"合一验证及活体检测，确保入园的信息准确无误，支持身份证、二维码、人脸特征等多种实体、电子介质，能够实现游客在完成互联网购票后直接入园，避免在入口及购票点停留，从而达到快速入园的效果。

（二）景区多业态分时预约模式梳理

目前，针对当下成熟景区上线的预约模式主要分为两大类：实名制分时段预约和实名制预约。其中实名制分时段预约又包括单一业态预约模式和多业态预约模式，具体包括以下模式：

1. 基于流量较大的旅游目的地单一业态预约模式

这种预约模式主要针对园林、场馆、博物馆等类型的旅游景区，景区主体为客流集中地区，针对大流量的单一业态景区，分时预约模式需要综合考虑景区内各景点的瞬时承载量、景区当中的旺季、一天当中的热门时段等因素，合理规划预约库存设定和客流管理。预约库存量设定方面，单一景区可通过计算景区各景点的瞬时承载量中的"瓶颈数值",将景区线上各景点瞬时承载量中的最小数值作为景区门票每小时的预约库存量。分时预约系统通过无缝对接主流 OTA、旅行社预订、自有电商平台、窗口、自助购票机等全渠道,提高渠道管控水平,方便景区实现淡旺季、闲忙不同时段的区别管理,显著提高景区的管理效能。

深大智能智游宝数据显示,截至 2020 年 12 月,超过六成的国家 5A 级旅游景区采用了实名制分时预约模式,如头部大流量景区黄山、华山、黄果树、莫高窟、苏州园林、普陀山、乐山大佛、广州塔等,有效支撑了后疫情时代国内旅游景区的恢复与发展。通过分时预约,头部景区可以有效实现限流与错峰,提升游客满意度。以黄山风景区为例,智游宝分时预约系统的应用取得了良好成效:

(1)良好游览习惯的养成。通过分时预约系统的投入使用,超过 90% 的游客在前往黄山时选择通过互联网提前预订,并能够按照预订的时间前往景区现场,有效避免了游客集中扎堆到达的情况。此外,游客在入园时能够主动出示身份证、二维码等预订介质,排队有序入园。

(2)景区现场管理的提升。通过分时预约系统,黄山景区能依据当日的门票、索道票的预约情况灵活调整管理方案。

(3)游客体验的改善。采用分时预约系统后,通过对客流进行削峰填谷,合理运营交通工具运力,黄山景区索道在假日高峰期排队等候时间从使用前的排队等候 3 小时以上,缩减到 1 小时以内。实名制分时预约系统可实现多渠道在线预约使用,例如,官网、公众号、小程序、OTA 等,最大程度避免了景区拥堵和排队购票、取票的情况,提高了入园效率,增强了景区给游客带来的美好游览体验。

2. 基于目的地核心景区流量瓶颈的多业态预约模式

处于流量瓶颈的分时预约模式主要针对主题乐园、度假区、湖泊型景区、山岳型景区等多业态的景区,此种预约模式下还包括三种细分形式:(1)景点门票预约串联型。门票串联模式下,景点间的关联程度高,因此,根据各个景点预约的"瓶颈数值"即可设定客流峰值，取各景点瓶颈数值中的最小数值作为景区门票预约的时段库存量；（2）景点门票预约并联型，如湖泊型景区千岛湖，景点选择相对独立，各个时段的预约库存需要单独设定，即根据各个时段最小的瞬时承载量的船票数量来决定各个时段门票的预约数量；（3）景中景型的景区预约模式，此种预约模式互不影响，但也是需要在预约景区门票入园的前提下实现。

多业态预约模式下，分时预约的有效实行，从门票共享制到门票配额制，解决的不仅仅是有序入园、有序游览问题，更大的价值是运营上带来的便利。智游宝分时预约快速入园装备系统将门票作为运营的核心抓手为自营官网有效引流，通过提前获取游客来源、性别、年龄结构、联系方式、来客数量等重要信息，促进园区内食、住、行、游、购、娱各类人员、物资的有效分配；通过微客服等手段进行精准营销，促进二次消费转化，创新运营模式，积累了众多可以分享的成功案例。基于预约系统在系统部署、库存管理、渠道管理、权限管理等方面的灵活配置，能够满足行业不同景区业务场景差异化的需求，实现多场景覆盖。

3. 基于流量较小的中小型景区的实名制预约模式

此种预约模式主要针对中小型景区流量小、一般位于目的地核心景区周边、规模较小、同类竞争激烈的特点，因而无须通过分时段预约来进行限流，但需要通过预约来获取数据信息，实现景区线上化管理、差异化运营和景区间的互相导流。

（三）预约平台管理

1. 业务平台运营

分时预约平台为游客提供一站式综合服务应用，包含信息咨询、游客预订、信息发布等服务，并通过C端、B端、OTA、全员营销等方式实现对游客的前置化、线上化服务。分时预约平台功能主要体现在分时、分区、分群三大方面。

分时主要依据旅游淡旺季和每日的高峰时段等进行设计。根据景区实际情况，非旅游高峰日门票预约可按小时划分为若干个时段，估算最多可预约人数。旅游高峰日，在条件具备时，可通过前推后压延长预约时间段，如国庆长假期间将门票预约时段提前至一定时间，可估算增加人数，综合得出整体人数，由此确认分时段预约数和景区最大承载量。

分区将景区的资源分布和路线进行划界，分别设置预约库存量，在库存分配上动态调整，发挥索道的最大运能，实现削峰填谷。

分群是指针对游客来源进行设定，游客来源主要包括团队、散客、OTA等渠道，在分时实名预约系统中，将会按照渠道进行分类管理，各类型渠道将会依据实际情况进行预约库存的分群管理。

2. 预约后台监管

分时实名预约监管平台通常包括一个界面、一个后台、一个实名用户数据、一个插件，主要满足库存管理、实时监控、运力调度、信息发布、预警提示、游客服务六大功能，实现可控、可看、可管等指挥、调度和管理。

分时预约后台库存管理主要包括：（1）景区管理，维护景区信息，把景区日库存和库存码维护在景区上。（2）库存日历，包括日库存日历，展示景区每天的总库存数量，可根据景区的客流情况进行库存的分时段和相应时段人数的单日或批量设置，所有时段库存量加起来即为日库存总量。（3）调整库存，支持单个调整和批量调整库存。（4）库存码管理，设置库存码的目的主要是保证所需的渠道和票型有足够的数量可供销售。针对景区每种库存码都可设置单独的库存量，具体在库存码中的时间段库存日历进行设置，所有库存码的库存量加起来的总量可多于、等于或少于日库存总量，配置灵活。（5）时段库存日历，通过日历的形式直观看每个库存码每天的总量、已售和剩余；灵活调整时间段剩余库存总量。

（四）预约成效与趋势

1. 预约规模与交易体量快速增长

中国旅游研究院（文化和旅游部数据中心）与浙江深大智能科技有限公

司联合发布的《2021年旅游预约数据报告》显示，经过两年的预约模式推广与普及，广大城乡居民对预约出游的接受度和适应度不断提高，"无预约，不出游"已融入居民的生活日常。智游宝预约数据显示，景区预约率超过53%，其中华东、西南预约模式推行最为突出，预约率达60%。2021年旅游预约人次比2019年增长47%，由于全国各地均推出了门票降价或免费游的优惠政策，2021年旅游预约门票交易总额比2019年增长17%。

随着旅游预约意识不断提升、预约模式和技术支撑日趋成熟，旅游预约的目的地下沉不断推进，预约出行不再局限于热门旅游城市或一、二线城市，3A级及以下景区的预约人次和预约门票总额增幅显著。智游宝预约数据显示，3A级及以下景区预约人次占比29.9%，预约人次较2020年增长89%，较2019年增长69%；3A级及以下景区预约GMV较2020年增长76.8%，较2019年增长26%（见图1-1）。3A及以下景区的预约人次、预约GMV所占比重已经接近甚至超过4A级景区，但上升空间巨大，2021年预约增速显著超过了2020年，预约模式的景区下沉正在快速推进（见图1-2）。

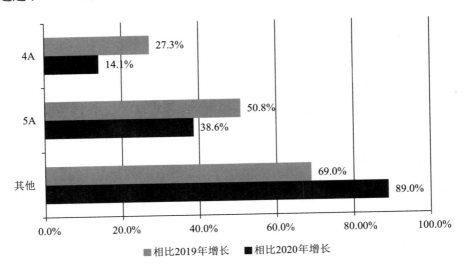

图 1-1 2021 年国内 A 级旅游景区预约人次分析

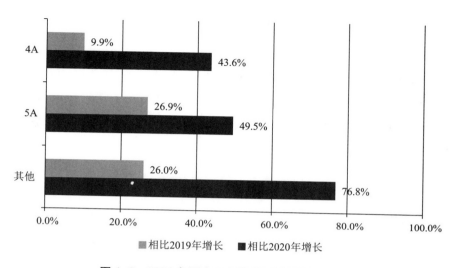

图 1-2　2021 年国内 A 级旅游景区预约 GWV 分析

2. 显著提升客流控制和游客体验

分时预约的逐层逐级推进，既为游客提供便捷、高效的预约服务与入园方式，也让景区在旅游旺季通过"预约、限流、错峰"实现精细化管理与游客接待服务。在旅游旺季，游客排队时间大幅缩减。中国旅游研究院 2021 年游客行为专项调查数据显示，47.8% 的受访者表示扫码、App、小程序等使用很方便，44.9% 的受访者表示可以通过预约大概掌握客流情况，合理安排出行，游客对于现有预约操作和服务体验整体满意。但也有 6% 的受访者反映热门景区有时约不上，比较遗憾，老年人等少数群体不擅长网络操作，影响体验。

3. 分时预约助力景区数字化营销

在景区营销与运营方面，未来可通过预约模式促进景区私域流量运营推广，提升景区营销能力。基于海量预约数据，构建游客需求、游客出游意愿、游客评价等信息库，利用大数据分析优化景区推广和内容运营模式，形成基于既有预约数据的数字化营销推广。

在景区数字化管控方面，通过预约实现景区的客流精准管控、人力资源调度更科学，提升景区现代化治理能力。通过完善景区数字化建设与数据协调，实现景区从粗犷的管理模式到数据化、精细化管理模式转变，降低景区运营成本，同时提升管理效率。

在景区服务提升方面，依托"预约、限流、错峰"疏导客流达到削峰填谷的效果，优化游客体验。依托旅游预约情况，结合游客评价与反馈需求，增加更多预约产品内容与服务，如：车位预约、导游预约、特殊人群服务内容预约等，保障游客安全、品质出游。

三、分时实名预约的综合价值与改进方向

（一）综合价值

1. 社会效益

一是有助于文旅行业健康有序地发展：一方面，可有效避免景区游客排长队、拥堵、踩踏等现象的发生，提升游客入园效率和旅游体验，保障游客旅游期间能够拥有安全、舒适的游览环境，规范行业秩序，实现社会"文明旅游""限流出游"；另一方面，也有助于高效调配行业资源和配置，使行业运转更加方便有序。二是有助于政府、企业及相关管理部门宏观调控：预约制的推行，有利于获取更多关于游客的数据信息，通过信息采集、数据挖掘和分析，可以更好地带动景区产业链的不断升级。

2. 经济效益

一是有助于文旅企业提高经营收益。首先，通过企业自有平台预约系统的建设，可以实现客户全部在线，再通过精细化运营，利用有效的社交营销工具，建立与客户之间的连接，从而强化自有电商平台流量的运营导入，节省了与分销商沟通协商的成本，提升了客单价的同时，增加了景区文旅企业的收益；其次，预约旅游模式可有效引导游客均衡地进入景区，在一定程度上实现了资源管理的最大化调度分配，避免了资源浪费，节约了人工成本，

由此降低了景区在各环节的经营成本；再次，有助于推动企业实现多元化营收，通过预约数据开展二次消费业务，实现消费升级，如通过会员体系方式提供增值服务和个性化套餐等差异化、精准化的服务内容和产品，从而扩大企业线上收入规模。

二是有助于提高文旅企业信息技术建设。首先，随着网上预约购票、人脸识别、智能监测、大数据分析等高新技术在景区、文化旅游等消费场所的应用，预约制的普及将推动互联网、大数据、云计算、人工智能等新技术在客流疏导和景区服务中的应用实施，加速文旅产业与科技的深度融合，助力文旅企业形成系统化的智慧旅游价值链网络，加强信息互联互通，实现文旅企业管理的智慧化升级；其次，依托实名制分时预约管理，可有效推动上下游资源整合，倒逼景区在线化改革，迫使行业发展提速，促进产业链互联网化，加速目的地运营和服务互联网化。

3. 生态效益

一是有利于景区生态环境的保护，实现可持续发展：通过实行景区门票预约，可以实现游客流量监测常态化，避免游客超载对旅游生态环境造成人为破坏，使得历史遗产及自然资源可持续性延续，有利于景区品质的维护；二是有利于推动文旅企业生态圈的重塑构建：预约制旅游有利于文旅企业从供需两端进行全方位革新，推动文旅企业构建线上线下一体化的产品与服务体系，实现目的地资源的深度整合、资源共享，通过技术赋能、数据赋能和运营赋能，构建目的地线上旅游生态圈。

（二）改进方向

当前分时实名预约管理还存在以下问题：

一是分时段预约制度尚未实现景区的全面覆盖。文化和旅游部资源开发司通报数据显示，截至 2021 年 8 月，全国提供在线预约服务的 A 级旅游景区超过了 6000 家。在 5A 级旅游景区中，除了开放式景区外，均已实现了分时预约。4A 级旅游景区线上预约的覆盖率超过了 75%，国有旅游景区于 2021

年年底全部实现在线预约预订服务。3A 级及以下景区预约仍有待进一步推广落实。

二是地方文化和旅游部门对预约的监测还不到位。目前，全国 31 个省区市中，只有局部地区初步建成省级旅游景区预约管理平台。大部分景区预约数据尚不能实现共享，政府部门还无法通过平台实时精准掌握景区预约数据，更无法通过预约管理对景区客流进行引导和调控。

三是预约系统存在的技术性壁垒仍需要突破。预约系统在分时预约方面针对错峰管理、行程线路、资源调度、防范倒卖、差异定价、补偿服务方面等仍有很多技术性壁垒需要突破；在景区管控方面如何实现客流感知、资源调配、预测预警、服务体验、车船监控、安全防控、舆情监测、分析报告等方面的技术性突破；在政府管控方面，如何在数据对接、政企联动、联合会议、反馈监督体系等方面实现技术性的突破。这些问题，既需要政府部门的统筹协调，清除政策障碍，也需要景区不断完善系统，到实践中去探索解决。

第二章　基于 AI 人脸识别及红外热成像人体测温技术的分时入园系统研究

一、研究背景

（一）国家新冠肺炎疫情防控

国家对新冠肺炎疫情的防控高度重视。自 2020 年以来，以实施疫情常态化管理的方式，有效地管控住了疫情的发展。新冠疫情防控大体上分为四个阶段。第一阶段（2020 年 1 月至 3 月），突发疫情应急围堵阶段，主要是对突如其来的新冠疫情采用"内防扩散，外防输出"的总体策略；第二阶段（2020 年 4 月至 2021 年 7 月），常态化疫情防控探索阶段，核心是坚持"外防输入，内防反弹"的总体策略，应对本土所出现的零星散发病例和局部的聚集性疫情；第三阶段（2021 年 8 月至 2022 年 3 月），全链条防控的"动态清零"阶段，强调快速和精准，主要是针对德尔塔变异株相关的特征来采取相应的管控措施；第四阶段（2022 年 4 月至 11 月初），"科学精准，动态清零"阶段。除强调精准外，更强调综合防控，包括对传染源的管理、传播途径的快速阻断、保护易感人群，这些措施要进行有效组合和叠加。在此期间根据新冠疫情国家出台并持续修订《新型冠状病毒肺炎防控方案》，为文旅行业的现场防控指明了方向。

（二）文旅行业疫情现场防控背景分析

2020 年 3 月底，随着突如其来的新冠疫情在部分地区逐渐缓解，习近平总书记在杭州城市大脑运营指挥中心考察时谈到了西溪湿地的"预约旅游"，他表示，预约旅游也是一个国家治理水平的表现。由此，国内景区的疫情防控工作逐步拉开帷幕。景区管理方面，2020 年 5 月最大承载量严格限制在 30%，到后来的 50%、70% 直至全面放开。根据疫情防控形势和防控措施的有关要求，景区"预约制度"、控流量、防聚集成为一种新常态。

在我国针对新冠疫情防控陆续修订《新型冠状病毒肺炎防控方案》的大背景下，文化和旅游部积极行动，自 2020 年起陆续出台应对新冠疫情的相关通知、工作指南，并定期召开相关电视电话会议应对当前疫情防控。通知、工作指南涵盖旅游景区、剧院等演出场所、互联网、旅行社、公共图书馆、文化馆（站）、娱乐场所等专项，重要时间节点涵盖春节、五一、十一等黄金周以及秋冬季节等易发时段。

新冠疫情的演化牵动着文旅行业的发展，熔断模式下旅行社跨省游等难以为继，为确保疫情防控大政方针不动摇，文旅行业积极展开自救，陆续出台本地游、省内游等相关政策加以应对，配套的现场管控措施也发生了巨大的变化。

（三）文旅行业疫情现场防控的演进

随着 2020 年 3 月下旬全国大部分省份陆续开放文旅景区，严格限制景区接待游客量，严格控制游客接触间距等成为社会上关注的焦点，也成为文旅企业应对新冠疫情防控的重中之重。

分时预约 / 分时实名预约作为大客流景区在游客游玩高峰期有效缓解客流压力的产物，通过前推后压的形式实现客流接待的削峰填谷，从而实现"供需平衡"。该模式于 2013 年在敦煌莫高窟开始探索，部分景区基于自身业务痛点和管理需要也陆续展开先行先试。在国办发〔2019〕41 号文《国务院办公厅关于进一步激发文化和旅游消费潜力的意见》中明确指出："到 2022 年，5A 级国有景区全面实行门票预约制度"。该项工作要求为文旅景区应对新冠疫情指明了方向，并以此为契机有效助推文旅景区数字化的加速演进。

在技术层面，伴随着国家疫情防控数字化能力的迭代发展，文旅行业面向新冠疫情的筛查手段从期初的体温检测＋健康码筛查，到后期陆续添加的 AI 人脸识别、行程卡、疫苗接种记录、核酸证明、场所码、抗原检测等，均以数字化的方式赋能文旅行业的复工复产和精准化管理。在文旅行业的数字化疫情防控应用中，为持续提升景区管理水平和游客的体验，各景区对业务应用系统做了持续的改造升级，并多方协调各相关部门实现业务与疫情防控的融合。

二、基于 AI 人脸识别及红外热成像人体测温技术的分时入园系统研究

在新冠疫情防控方案中，红外热成像人体测温技术和人脸识别技术作为疫情常态化下文旅景区有效排查潜在风险游客的工具而被广泛使用，其作用是相当显著的。红外热成像人体测温技术侧重于人体体感表象筛查，AI 人脸识别技术侧重于文旅场所疫情防控溯源，结合政府疫情防控数字化公共服务能力的支撑，景区以疫情防控核定最大承载量为核心，通过分时入园系统让游客按照业务规则实现有效预约与核验（见图 2-1）。

（一）红外热成像人体测温应用研究

在新冠疫情防控初期，红外热成像人体测温技术因体表筛查快速检出发热个体被广泛推广至文旅景区的出入口场景，对文旅景区复工复产起到了良好的效果。应当看到随着政府疫情防控精细化治理，只有密接者、次密接者、时空伴随者等类型游客在无意识情况下产生发热症状，才会被检出。虽然至今未被有效检出，但对景区的疫情防控仍然起到了至关重要的作用。

红外热成像人体测温在文旅景区的应用中主要考量因素是应用场景、检测效率、检测准确性、集成应用融合程度等要素。

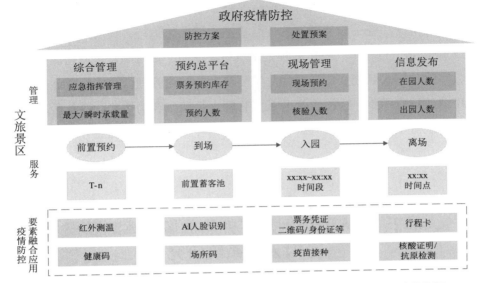

图 2-1 基于 AI 人脸识别及红外热成像人体测温技术的分时入园系统结构图

从应用场景看，当前红外热成像人体测温设备主要设置在文旅景区各出入口处。场地较为充裕的景区会将人体测温设备设置在客流聚集的游客中心入口处，可有效地将体温高的游客隔离在景区外；有场地限制的景区会将人体测温设备前置到核验口前，也能有效区隔体温高的游客；场地非常局促的景区出入口，会将人体测温设备设置在劝阻级核验设备（闸机）上，确保有效的检出。

从检测效率看，由于文旅景区在高峰期人流量较为密集，因此需要结合客流、场地、成本因素进行综合考量，选用合适的设备进行筛查。面向客流量大、场地充裕的主入口，采用大场景红外热成像人体测温设备，可支持多人合检、快速通过；面向客流量较大、场地略显局促的场景，一般采用安检测温合一的红外热成像人体测温设备，可支持一人一检快速通过；面向一般客流、场地局促的场景，一般采用劝阻级核验设备添加人体测温模块或单独的手持式测温枪进行测温，可支持一人一检通过。

从检测准确性看，基于当前国标人体红外热成像测温范围在20~50℃、测温精度±0.3~0.6℃的特性，面向我国广袤的地域分布着众多的景区，在测温精度方面形成了较大的挑战。红外热成像人体测温适宜于在有黑体校准工具的环境下使用，测温精度相对较高（可控制在±0.3℃），检出效果较好，但受制于文旅场所疫情防控大多数为后续改造场地的实际情况，实际配套现场采用黑体校准设备的较少，故测温的精确性偏弱。配套的措施为采用二次测温的方式帮助景区进一步排查游客体温，确保体温高的游客进一步检出。

从集成应用融合程度看，红外热成像人体测温设备的应用主要是做个体筛查，与业务管理系统可相对独立，也可融为一体。与业务系统相对独立可确保测温应用的快速筛查检出，但后续的溯源倒查工作相对较复杂；与（综合票务管理等）业务系统融合应用可确保数据的一对一应用，对后续的溯源倒查可起到缩小范围的作用。

应当看到，红外热成像人体测温技术在文旅景区的应用也有较多需要结合实际场景进行改进的方面。一是场地改进。在实际操作中，景区疫情防控核验点由于场地限制，会设置在室外出入口的场景，由于环境温度容易处于高温（60℃）、低温（-20℃）环境，容易造成红外检测温漂的情况，由此应当将红外热成像装置设置在室内场景。二是设备标定精度。由于红外热成像属于标准化量具，除需要按照国家相关规定，定期将相关设备送至标准化监测机构进行定期标定外，建议依据使用环境做好环境性适应校准，从而确保设备检出的精度。

（二）AI人脸识别应用研究

应当看到，AI人脸识别技术在新冠肺炎疫情暴发之前，在文旅景区已经有非常广泛的涉及经营业务常态应用的治理，有效地规范了文旅景区的业务开展。随着《个人信息保护法》的草拟直至出台，引发民众对个人隐私保护的意识发展到了新的高度，但应当看到，新冠疫情的逐步演化，疫情常态化防控成为当下文旅景区的头等大事。AI人脸识别结合（综合票务管理）业务系统可作为有效的防控手段，应用于抗疫一线，为游客实名制核实提供有力支撑。

1. 人脸识别技术既有应用解析

随着 2017 年人工智能逐渐开始商业化，文旅景区就开始引入 AI 人脸识别技术。文旅行业应用主要解决的痛点：一是为解决文旅景区规则允许二次入园、多日有效下，非同一游客冒用进入的问题；二是为解决景区 / 城市旅游年卡非本人冒用的问题；三是为解决景区多入口未完全核销的情况下，防止黄牛二次倒票的问题；四是为解决旅游套票预订后，因游客个人因素未核销，导游违规临时拉客的问题；五是为解决景区多入口导游串通套团核销入园；六是为解决员工、本地村民合法快速进入，防止冒用的情况；七是为解决发生意外时游客排查身份、有效溯源；八是为确保票证管理安全进行必要退票鉴权核验的操作。

应当看到以上所描述的痛点中部分是个体的行为，但如果是团体行为，并任由灰色产业链自由发展，将对景区乃至整个旅游目的地的健康发展产生广泛而深远影响。由此，对文旅景区在 AI 人脸识别中的应用，不应只局限于业务侧思考，而更多的是要从安防的视角审视，并逐步实现业务与安防的融合。

2. 人脸识别技术疫情防控常态化应用

2020 年新冠疫情的突然来袭，对文旅行业造成了严重的冲击，在国家疫情常态化防控的大背景下，文化和旅游部对文旅行业做出周密的部署，并面向多条线下发迭代更新防控工作指南，以指导相关条线有力应对不同时期疫情防控工作的开展。结合文旅景区的实际，人脸识别疫情防控常态化应用包含但不限于人证合一核查、戴口罩识别、疫情溯源应用。

人证合一核查。面向文旅景区，在工作指南的基础上，文化和旅游部通过电视电话会议明确指出，需要落实分时实名预约工作。结合现有大部分景区预约预订时需要录入身份证信息（至少录入取票人，严格则全实名制）的既有业务要求，在景区现场核查时可要求游客出示票务码、二代身份证等介质进行票务核验，并实时记录到系统中。在此过程中运用人脸识别模块的票务系统核验终端可快速读取二代身份证内的照片信息，并与现场采集的本人人像进行比对，比对通过后，游客即可入园。

戴口罩识别。在各版防控方案中均明确指出：戴口罩是简单有效的预防感染措施，在公共场合中要求全程佩戴口罩。在（高峰期）文旅景区人流较为密集，因此会要求全程佩戴口罩，在核验端如采用戴口罩识别的人脸识别算法也将有效减少由于飞沫传播造成疫情传播的概率。人脸识别算法在采用戴口罩识别后虽然会导致核验效率的下降（慢200~300毫秒），但总体来看，这种方式是可以适应高峰期客流量较大的景区应用的。

疫情溯源。为有效落实文旅景区疫情常态化管理，从疫情溯源角度，实名制固然可以实现点状溯源，但在文旅景区场景下将会存在大量时空伴随者，使得流调溯源工作的范围由时间片段扩大至全天接待游客，因此人脸识别叠加视频监控以图搜图的应用将使得排查范围获得有效的控制，从而实现精细化管理。

3. 人脸识别技术选型要点

AI人脸识别技术在文旅行业的应用场景相较于其他应用是有较大区别的：包含但不限于业务的复杂性、消费的便利性、安防的融合性。从行业实践看，主要考量的点有：

比对人脸库容量要求。从业务出发，文旅景区人脸识别既需支持二代身份证为代表的1∶1人证比对应用；又需支持二维码、旅游年卡为代表的1∶N比对应用。在面向于1∶N的应用场景中，对于中小型景区纯自用来说，市面上的标品设备（N≤5万）可以采用，但对于旅游目的地核心景区/大型旅游度假区（例：黄山风景区日最大承载量5万人，3天有效，则需要具备N=15万）、景区旅游年卡（3万以上）、城市旅游年卡（例：杭州城市旅游年卡发行量大于30万人次）等集成复杂应用场景，则市面上的标品人脸比对算法（N≤10万）无法适用，由此面向此类场景至少需要选用N≥20万（支持扩展）的人脸识别算法，结合政策层面有倡导全域旅游融合应用需要、需求层面有一站式融合服务应用的实际要求，推荐采用 $1:1$、$1:N$（$N \geqslant 20$ 万）融合的算法。

比对人脸服务效率。一是识别准确率，应用场景要求人脸识别的检出率应符合在千分之一误识别率的前提下首次比对成功率达到 99% 以上；二是识别速度，为避免由于人脸识别核验速率偏低造成检票效率下降，面向于文旅景区应当确保在 $\leqslant 200$ 毫秒。

人脸识别技术的使用环境。一是采集环境。为匹配景观、风貌等需要，文旅景区核验工作环境，较多分布在室外无遮挡、半遮挡的环境下，可能存在大逆光等问题，对人脸识别采集形成较大干扰，因此需要对人脸识别算法进行针对性调优，实现参数化配置；二是设备运行环境。相较于室内环境，室外环境存在高温、低温、高湿等情形，对设备的可靠性要求较高。

人脸识别技术的服务支持。当前人脸识别有基于特征值和基于采集图片两种方式，如采用特征值的方式，具有算法更新影响既有业务（主要指年卡）的实际问题，而采用采集图片比对的方式将能有效解决此类问题。由此延伸在采用图片方式下，在业务侧可实现工作人员直观辨别游客退票、景区稽查、导游套团等行为，确保业务的有序开展；在管理侧可实现管理人员直观溯源游客身份、核验通道等安防管控应用。由此推荐采用基于图片的比对算法为宜。

人脸识别应用安全支撑。在《个人信息保护法》颁布实施的大背景下，人脸识别应用的安全性尤为重要。从业务侧，景区作为业务应用主体，对游客的身份信息、人脸信息的采集具有依法保护的义务，因此在业务上需要将所采集的人脸比对服务与业务做相关隔离，以确保数据的最小化使用（系统服务商实现，确保人脸比对服务商无法获取身份信息），并依法报送公安部门进行《信息系统安全等级保护》评测以健全相关使用规范。从安防侧，景区作为管理主体，对基于人脸识别的管控应用也需要依法做到最小化使用。

基于以上应用场景的分析应当看到：面向中小流量的文旅景区，人脸识别服务宜采取在线化的方式进行比对认证；面向大流量、复杂应用场景的文旅景区，人脸识别服务宜采取独立部署、应用数据隔离的方式进行比对认证；面向地方文旅集团目的地一站式服务应用，人脸识别服务宜采取核心景区上级地方文旅集团建设数据中心并独立部署、业务应用服务相对隔离的方式进行比对认证。

（三）政府公共数据服务集成应用研究

在"数字中国"的大背景下，我国文旅行业正在全面推进数字化转型。面对来势汹汹的新冠肺炎疫情，政府在公共数据服务上陆续推出了健康码体系（含疫苗接种、核酸证明、抗原证明、场所码等）、通信行程卡体系等多种手段，确保生产生活的有序进行，文旅行业作为现代服务业的重要组成部分，在疫情防控常态化下积极响应变革显得尤为重要。

通信行程卡体系应用。随着行程卡体系的应用，基于通信位置的运营商数据得以接入，该技术从空间层面对密接者、次密接者、时空伴随者给予了相应的鉴别，有效地助力了国家疫情管控，给景区的疫情管控提供了必要的手段，但由于需要游客侧发起鉴权，景区无法即时获取最新信息，集成难度较高，所以没有进行相关集成。随着疫情管控的精细化，由原有的地市级赋码过渡到区县级管控（不赋码），行程卡在文旅景区的应用由于无法直观鉴别，后续将会逐渐削弱。

健康码体系应用。2020年各省市陆续推出本地的健康码、疫苗接种、核酸证明、抗原证明、场所码等应用。在文旅场景的应用：一是健康码集成，面向于助力文旅景区有效地鉴别相关群体，使得文旅景区的应对有了章法；二是核酸证明集成，面向于游客，通过时间段有效筛查，使得景区的接待安全性得到了保障；三是场所码集成，通过场所码的集成，使得政府能有效地感知游客的行程轨迹，助力疫情的排查溯源，大大减轻了景区管理的难度，同时提升了游客的体验。在系统应用对接层面，分时预约业务系统借助各省市的健康码体系、国康码体系接口的赋能，在线上预约、现场核验中有效地区隔了潜在的易感人群。

（四）分时实名预约现场业务管理研究

分时实名预约现场业务管理的实现取决于前置的门票库存预约管控预案和互联网分时实名预约系统。在前置工作打下坚实基础的前提下，现场分时实名预约主要是面向现场的管理侧。现场的管理主要体现在前置蓄客的引导、现场资源的调度、应急情况的响应等方面。

前置蓄客的引导。相较于其他场景具有时效性的强制约定，文旅景区作为提供服务的机构，在分时预约时需要存有部分的冗余度，以确保游客的综合满意度提升。因此在旅游高峰期，启用分时预约的文旅景区需要根据现场接待情况对早到和晚到的游客提供相关的便利，让游客能尽快进入景区游玩，在场地充足的前提下，提供休憩场所，改善或避免游客长时间排队等候情况。

现场资源的调度。在文旅景区中山岳型、湖泊型、海岛型景区普遍存在门票+业态（车、船、索）的情形，在分时预约实践过程中需要深入分析景区在高峰期接待游客的瓶颈点，并根据瓶颈点设置分时预约接待的时间段预约值，相关人财物资源的调配依据预约值进行匹配，方可达成分时预约应有的效果。

应急情况的响应。从业务层面看，在景区游客接待中会存在气象、交通等不可抗力因素，为确保游客安全，根据前期制定的应急预案，景区需要启动相应等级的应急响应。面向已预约未核验的游客及时推送信息劝返；对于已核验入园的游客，根据应急预案要求同时结合游客意愿，积极组织其他可达线路游玩或退票返回。在本次疫情防控初期提出的按照最大承载量30%直至50%、70%，为进一步完善文旅景区分时预约指明了方向。

（五）文旅现场防控集成应用研究

基于上述红外热成像人体测温应用、AI人脸识别应用、政府公共数据服务集成应用、分时实名预约现场业务管理的分项研究，在文旅景区现场防控集成应用中应当结合文旅景区的实际应用需要进行综合集成，以确保管理的有效性、业务的连贯性、游客的体验度。

1. 应用形式研究

从文旅场所现场管控应用形式的视角看，随着疫情的发展和社会整体防控的数字化融合进程，主要经历四代演化：

第一代是体温检测＋健康码；

第二代是体温检测＋人脸识别＋健康码，人脸识别集成应用的加入是大流量景区业务管控需要；

第三代是体温检测＋人脸识别＋健康码＋行程卡，行程卡应用的加入是为了鉴别中高风险地区游客；

第四代是体温检测＋人脸识别＋健康码＋行程卡＋场所码＋核酸证明。场所码和核酸证明应用是为了提升地区防控溯源能力和景区风险管控能力。

以下是基于全要素流程集成应用下的现场防控应用功能点框图，文旅景区可依据自身实际情况做相关的集成应用（见图2-2）。

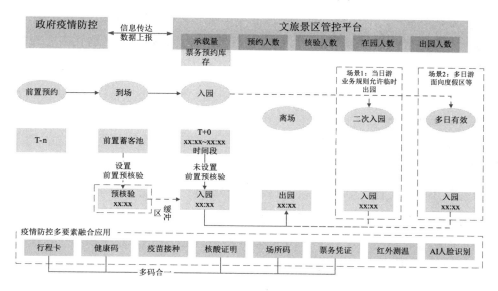

图2-2 现场防控应用功能点框图

在2021年实践中，部分客流量较大的文旅景区实现将健康码、核酸证明、场所码、票务凭证（二代身份证等）多码合一，运用数字化方式简化了业务操作流程，提升了游客体验。

2. 场景化研究

景区承载量分析。由于文旅景区所涉及的业态较为丰富，总体上分为密闭场所型、开放空间型。面向于文博等密闭场所，主要侧重于考量瞬时承载量，避免客流在某个时间段集中进入；面向于开放空间型，需要兼顾区域瞬时承载量和最大承载量。针对大型休闲旅游度假区，则需要统筹考虑多日有效的情形，避免由于整体超过接待最大承载量导致潜在风险的发生。现有部分景区采用上午和下午两个时间段预约。

景区核验场所分析。由于文旅景区预约核验现场存在空间不一的情况，针对首次核验需要实现要素一体化集成应用，如有后续核验应用则可简化聚焦至业务应用即可。在首次核验中可根据场地情况选择检票口一体化应用或预核验—检票口分置应用，分置应用典型的代表为疫情防控"数字哨兵"。

景区核验时效性分析。从游玩时长看，现有文旅景区预约分为一日有效、多日有效。从疫情防控角度，针对多日有效的预约，建议园区内住宿业态集中的点位设置相关核酸监测点，以确保第一时间能抽样检出园内风险，避免疫情的隐匿传播。

3. 应用案例

案例应用：黄山风景区

黄山风景区作为享誉海内外的景区，在2020年3月疫情缓和后，开始执行有限开放，在管委会（门票，授权股份经营）、集团公司（车票）、股份公司（园林门票、索道）三家主体的通力配合下，经过1个月的人工磨合探索，初步构建分时预约平台，并于10月实现基于业务系统的车票＋门票＋索道票全业态分时实名预约，融合红外测温、AI人脸识别、健康码等疫情防控应用要素。在2021年4月探索行程卡的集成应用，2021年10月集成场所码应用，2022年6月集成数字哨兵应用。

通过前期设计，在人工磨合探索阶段（2020年5月~8月），依据防控要求，实行严格的分时段管控（1 小时为间隔），通过"（毗连区）前推后压""分时分群（散客、团队、OTA）""（信息推送、渠道管理、业态统筹）全连接"初步达成设计所构想的削峰填谷要求。在 2020 年 9 月全业态实现分时预约后，十一黄金周游客排队综合等候时长从疫情前的 180 分钟节省至 90 分钟，经过一年的打磨，在游客接待高峰期，进一步节省至 40 分钟。景交车的资源有效调度率也进一步提升，分时预约的施行不仅没有降低效率，反而成为景区实现精细化管理的有效工具。

三、应用价值及改进方向

（一）应用价值

从黄山风景区案例的剖析可见，在融合基于 AI 人脸识别及红外热成像人体测温技术的分时入园系统不仅没有制约景区业务的开展，反而成为文旅景区落实数字化转型的有力抓手。其关键是梳理景区的痛点、难点，并以数字化将原有割裂的景交车＋园林＋索道业态进行融合，通过流程再造的方式实现景区的转型。

在文旅景区业务系统与以行程卡、健康码、场所码、核酸证明为代表的政府公共服务数据打通后，充分体现了国家推行数据交换共享平台的重要性，政府监管侧、景区业务管理侧、景区游客服务侧在其上各取所需，游客则享受到了便捷的服务。

（二）改进方向

在实践基于 AI 人脸识别及红外热成像人体测温技术的分时入园系统过程中，团队也发现了部分可进一步完善的地方：

1. 分时预约的改进

现有的分时预约在实际应用中仍然有部分采用的是分时预约与业务系统未融合应用的情况，在文旅景区实际运用中容易产生预约不入园占用预约库存的情况，尤其是免费文化旅游场馆（期初占用30%预约库存量），需要加强对此类行为的约束，进而提升景区公共服务的属性。

2. 人脸识别应用的完善

现有人脸识别应用更偏向于解决景区业务层面的问题，与景区安防应用融合较少。九寨沟景区的人脸识别安防应用可为行业提供借鉴：2021年九寨沟智慧景区项目初步建成，涉及人脸识别"以图搜图"功能在景区安防监控中得以运用，景区只需在票务系统中导出需要排查的游客图片，即可通过以图搜图功能在视频监控系统中查询该游客的相关轨迹。该应用后续可在疫情常态化管理中进行运用，从而在接到疫情协查通报后，快速精准地查找密接者、次密接者、时空伴随者，通过景区票务系统的核对，将时间段内游客逐一排查，为网格化精准管理提供可能。

3. 融合应用的改进

在我国大力推动数字化的大背景下，文旅企业一是加大业务融合数字化应用的力度，有利于业务的管理、服务的改进、游客满意度的提升；二是在确保数据安全的前提下，加强公共服务与业务的融合应用。

第三章　基于游客实名预约数据的疫情防控数据采集工具系统研究

一、分时实名预约系统基础功能

　　文旅场所分时预约服务平台主要用来支撑面向游客的文旅服务平台中游客对各类旅游产品预订预约的业务模块，并且与后端的产品供应商系统打通，实现到文旅场所核销的一体化服务流程。实名制全网预约以码为核心，手机为载体，以旅游信息库、身份证为核心基础，整合文旅场所内外部资源，增加旅游信息传播和推广渠道。实施分时实名预约是探索建立文旅场所智慧运营与管理体制的重要载体，也是实施文旅场所内供给侧改革、打造智慧文旅场所的必然要求和重要手段。分时实名预约可有效解决旅游接待高峰期拥堵、售检票不畅、游客多次排队等问题以及预警预约信息有效发布问题，以达到科学供给、有效分流、优化管理、提升品质的目的。分时预约系统关系文旅场所整个运营系统、信息系统的升级和重构，要坚持"以运营为核心，全业态连接，全渠道覆盖"的原则进行总体设计，实现业务"从云到端"的全网格化管理，游客营销服务平台的矩阵化呈现，综合运营管理的多级管控，文旅场所数据资产的合理化应用。

二、数据采集与支撑平台搭建

（一）数据交换平台

对于文旅场所现有票务系统通过服务总线提供接口标准进行分时预约的对接，可实现预订信息、核销数据与分时预约平台、大数据管理端数据中心同步。基于数据服务标准接口搭建更加强大和稳定的数据中心，打通不同系统之间的信息孤岛和数据孤岛，可减少因业务系统升级、替换、新增等对整体经营的影响。数据交换平台提供标准数据开放接口，根据省防疫办、政府文旅产监平台等统计分析所需数据维度开放基础数据。

1. 数据服务总线

数据服务总线作为统一数据交换平台，可定义文旅行业各类业态和各种业务场景下的接口规范和数据规范，是分时预约平台与网络分销管控平台、产业运行监测平台、景区业务系统等的数据交换路径。由数据服务总线管理所有业务服务项目，解决不同异构系统的连接和数据交换问题，服务总线提供一个集中的平台使各异构系统之间进行相互通信，让服务消费者和服务提供者实现解耦。

考虑分时预约管理服务平台建设和预约信息及后续管理等业务系统建设的扩展需要，为解决普遍存在的多业务对接和同步耦合度高，使用过程中出现的异常等问题追踪困难、耗时间、易扯皮等情况，数据服务总线系统制定并提供所有业务统一接口标准、统一路由服务、统一监控服务、统一对账服务、统一数据推送等能力，并为统一报表平台推送相关数据，做到真正掌握主动权，降低建设风险和投入成本，构建多级分层的一体化平台。

统一接口标准：即由数据服务总线定制统一接口规范，由其他系统接入（如票务系统、分销系统等）；

统一路由服务：即所有业务数据（系统）会根据其属性分配相应地址，以便相关数据（订单）可及时到相应地址系统中，不再像以前各个系统进行匹配；

统一监控服务：即数据对接传输中，平台会实时监控（进与出），以便相关管理与运营部门第一时间知悉传输中哪里出了问题，可及时通知相应系统做出调整修改；

统一对账服务：即所有业务系统在不同渠道销售、预约、核销时，会实时对账（如线上门票线下同步、核销等），及时发现问题并予以解决，避免对账时出现问题排查时间过久或无法追溯等问题；

统一数据推送：即所有景区分时预约业务数据统一经过数据服务总线推送至文旅大数据中心，而综合大数据平台只需从数据中心调取相应数据即可，无须再从业务系统（数据库）中调取，避免业务数据库直接访问，造成数据安全、锁死等问题。

数据服务总线提供服务运行功能实现各系统的统一接入和统一服务发布，实现服务的共享，是服务的统一注册、发布、运行和管理的载体。从而实现服务的注册和管理、服务发布和共享、服务路由控制、通信协议转换、流量控制、服务优先级、故障隔离控制等一系列平台功能，具有安全可靠高效稳定的特点。

同时，数据服务总线可通过服务管理提供统一的管理配置，数据服务总线节点管理、服务管理、路由管理、协议管理、消息服务器管理、接入接出系统管理都可通过该功能实现配置。

数据服务总线具有完善的日志分析应用，抽取数据服务总线的平台日志和业务日志，提供日志管理和备份策略，方便快速查找和定位问题。利用数据推送应用可将各异构系统数据通过数据服务总线推送到统一的数据中台。

数据服务总线具有通信机制，包括上行通信和下行通信，实现双工同步、双工异步、负载均衡、健康探测、多路分发、动态隔离和恢复（见图3-1）。

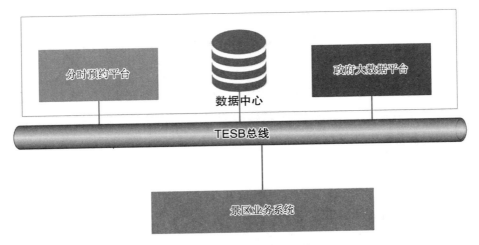

图 3-1　数据服务总线架构

2. 平台接口设置

平台预留接口包括文旅产业接口、产业监管决策接口、防疫办接口等。文旅产业接口支持与文化和旅游主管单位的平台数据对接，可上传并分析当日通过平台渠道产生的数据，包括注册用户数、扫码人数、累计注册用户数，景区预约排行、各景区预约游客比例等。产业监管决策平台接口可实现产业监管决策平台对省预约平台中的预约人数排行、预约游客来源地分析、总预约游客数等数据进行统计分析和可视化展示。防疫办接口支持与地方防疫部门数据对接，按防疫办数据格式和类别要求，进行数据供给。

（二）分销商服务支撑平台

分销商服务支撑平台是一个连接资源方与分销商（OTA、旅行社）公正、权威、可信的第三方技术服务支撑平台，通过本平台连接文旅场所与分销商渠道（OTA、旅行社），是线下门票产品、线上分销渠道以及分时预约库存管控的整个业务链条中关键一环，满足线上线下一体化运营需求。主要功能包括：(1) 通过分销商服务支撑平台连接文旅场所与分销商渠道（OTA、旅行社），为文旅场所提供可控制分销商渠道的分时预约管理环境，安全、便捷、高效地实现分时预约订单信息的生成、发送、核销等功能。也可为文旅场所提供一系列数据分析报告，辅助决策。（2）提供线上渠道分时预约接口标准，支持主流OTA渠道实现全网分时预约功能，包括美团、携程、同程、驴妈妈、要出发、马蜂窝、去哪儿，其他线上营销渠道或相关预订平台由分销商服务支撑平台提供标准接口支持三方系统对接。（3）可支持文旅产业入口平台、OTA等线上渠道通过接口对接分时预约平台实现库存管控和校验。对来自线上的订单接入系统按照库存管理规则验证入园。（4）平台统一对接省健康码系统，同时向文旅场所业务系统提供健康码统一标准验证接口，支持票务系统以及线上渠道在门票预订、核销环节进行健康码校验。（5）平台统一对接行程卡系统，同时向文旅场所业务系统提供行程卡标准接口，支持现场票务系统以及线上渠道在门票预订、核销环节进行行程信息校验。

1. 预约渠道管理

提供线上渠道分时预约接口标准，支持线上渠道分时预约功能，包括游C端渠道和景区自有线上官方渠道，其他所需营销渠道由公共服务平台提供接口支持第三方对接。

2. 分时预约接口

提供线上渠道分时预约接口标准，支持省产业入口平台、OTA等线上渠道通过接口对接分时预约平台实现库存管控和校验。来自线上的订单接入系统按照库存管理规则验证入园。

3. 健康码接口

平台统一对接省健康码系统，同时向文旅场所业务系统提供健康码对接统一接口，支持景区线下票务系统和线上渠道对接健康码系统验证，在门票预订、核销环节进行健康码校验。

游客在线下服务窗口购票时录入实名制身份证信息由票务系统通过分时预约提供的统一健康码接口访问省健康码系统校验游客健康码信息并获得健康码结果信息：绿码，黄码或红码。健康码非绿码的游客提示无法购票。

线上分销渠道游客购票时录入实名制身份证信息由分销平台通过分时预

约提供的统一健康码接口访问省健康码系统校验游客健康码信息并获得健康码结果。健康码非绿码的游客提示无法购票。

游客达到景区核销订单时核销设备读取游客实名制身份证信息由票务系统通过分时预约提供的统一健康码接口访问省健康码系统校验游客健康码信息并获得健康码结果。健康码非绿码的游客提示无法核销入园。

4. 行程卡接口

平台统一对接行程卡系统，同时向文旅场所业务系统提供行程卡标准接口，支持现场票务系统以及线上渠道在门票预订、核销环节进行行程信息校验。

线下服务窗口游客购票时录入实名制身份证信息由票务系统通过分时预约提供的统一行程卡接口访问全国行程卡系统校验游客行程卡信息并获得行程卡结果信息：是否到过标星疫情风险地区。经过高风险地区的游客提示无法购票。

线上分销渠道游客购票时录入实名制身份证信息由分销平台通过分时预约提供的统一行程卡接口访问全国行程卡系统校验游客行程卡信息并获得行程卡结果信息。经过高风险地区的游客提示无法购票。

游客达到景区核销订单时核销设备读取游客实名制身份证信息由票务系统通过分时预约提供的统一行程卡接口访问全国行程卡系统校验游客行程卡信息并获得行程卡结果信息。到过高风险地区的游客提示无法核销入园。

（三）文旅场所票务系统改造与对接

针对文旅场所不同的信息化基础情况，提供如下方式实现文旅场所票务系统对接分时预约管理服务平台：

（1）文旅场所现有票务系统升级改造：票务系统支持实名制，对接分时预约平台实现时段库存校验，将预订以及核销数据同步至分时预约平台，对接健康码实现购票、核销两个环节校验游客健康码信息，对接行程卡系统实现购票、核销两个环节校验游客行程卡信息。

（2）文旅场所无票务系统升级改造：为无票务系统的文旅场所提供 SaaS 化线上分时预约和文旅场所现场窗口分时预约系统应用，对接健康码实现购票、核销两个环节校验游客健康码信息，对接行程卡系统实现购票、核销两个环节校验游客行程卡信息。核销采用移动式核销终端。

1. 文旅场所现有票务系统升级改造方案

针对有票务系统的文旅场所改造方案：将景区售检票系统与分时预约管理服务平台对接，与健康码对接和行程卡对接，并升级票务系统，实现实名制售检票。分时预约管理服务平台提供接口标准，游客访问分时预约管理服务平台时通过链接进入文旅场所的线上分时预约购票平台实现分时预约购票，获取订单信息（支持电子二维码、身份证介质）。分时预约数据和文旅场所核销等数据，根据要求统一通过票务系统对接实现数据上传。文旅场所线下售票窗口也需同步进行分时预约售票，需文旅场所票务系统根据分时预约管理服务平台提供的门票库存接口进行改造对接后实现分时售票，线下窗口门票库存受分时预约管理服务平台统一管控。

2. 无票务系统的文旅场所升级改造方案

为无票务系统的文旅场所提供 SaaS 化线上扫码分时预约和文旅场所现场窗口分时预约系统应用，核销采用移动手持终端，包含开发接口和对接联调。主要业务场景包括：（1）线上预约购票。为方便游客自助购票，可在游客中心、景点售票处、户外等醒目区域放置移动购票系统二维码入口。游客通过扫码进入景区官方移动购票系统，自助选择票型、时段、数量，登记二代身份证信息、手机号码下单支付完成购票。系统发送订单信息到游客手机，短信包含门票辅助码及订单信息。游客凭身份证及人脸识别方式直接检票入园。这可在高峰期大力缓解景区售票的业务压力。（2）窗口现场购票。售票窗口散客购票业务流程主要针对现场游客购票。游客通过窗口价格牌选择票型、数量，售票人员登记游客二代身份证信息（自动读取）、手机号、采集人脸信息（根据实际需要确定），游客确定订单无误后，游客支付完成，售票人员出票。支付方式包括：现金、一卡通、银联卡、微信及支付宝。游客凭纸质票、身份证及人脸识别方式检票入园。

（四）文旅场所线上分时预约系统

线上分时预约支持游客在线分时预订门票，支持在线支付、支持短信提醒、无注册预订和快速预订。线上分时预约采用 SaaS 模式进行部署，整套系统部署在商业云平台，无须商户提供或租赁服务器设备，平台要分为文旅场所管理端后台、文旅场所管理端 App、前端展示三大部分。C 端文旅场所采用自定义模板方式进行自定义设置展示，管理端具有 PC 浏览器＋App 的多端口操作形式，实现管理者在多应用场景下维护文旅场所的能力。系统具有聚合支付能力，支持移动支付（微信、支付宝、银联等），方便快捷，可使用指定合作银行聚合支付接口，实现游客在相应业务场景中统一扫码支付，为游客提供线上、线下的良好购物体验。具有商户管理、应用管理、渠道管理（包括：渠道产品管理、支付产品管理、渠道支付产品管理）、订单查询、数据统计分析、RSA 秘钥管理和标准支付类接口。

（五）文旅场所现场窗口分时预约系统

现场窗口分时预约系统采用云部署架构实现线上、线下一体化建设。方便无票务系统的文旅场所快速应用实现管理、营销、服务功能。通过模块化应用可灵活进行业务调整。系统支持对景区各类人群（普通散客、政策人群、旅游团、会务团、旅游从业人员、景区人员、特殊人群等）综合管控业务需要，并可与各类先进生物识别技术（AI 人脸识别）相结合，确保人、票、证合一，实现景区出入口的各类复杂管理需求。

第四章 文化和旅游行业疫情防控
预警模型及告警机制研究

一、国内外研究现状梳理

（一）旅游突发公共事件研究

根据国家《旅游突发公共事件应急预案》的定义，旅游突发公共事件是指因自然灾害、事故灾难、突发公共卫生事件和突发社会安全事件而发生的重大游客伤亡事件。目前，针对旅游领域突发公共事件的研究主要以基础理论和方法、政府层面应急管理研究为主，国内外主要研究有：①基础理论和方法研究。Colin Michael Hall（2010）基于旅游业的敏感性分析了各类事件对旅游业造成的影响。Brent W. Ritchie（2009）从组织管理学视角出发明确了每个阶段旅游公共事件管理的目标和主要措施。邓冰、吴必虎等（2004）梳理了国内外旅游业危机管理的概念、理论基础、发展历程等文献，并总结了国内外差距和新的研究趋势。②政府层面旅游突发公共事件的应急管理。Faulkner（2001）通过分析大量的旅游灾难事件建立旅游灾难管理应用模型明确了公共组织的作用。Blake A.&Sinclair T.M.（2002）通过一般均衡模式模型研究美国"9·11"事件引起的旅游危机以及造成的影响，以此提出政府应采取目标津贴和减免税收等措施。郑向敏、邹永广等（2017）提出我国各级旅游管理部门应建立统一的应急指挥系统，搭建旅游突发事件应急信息处理平台。

（二）旅游突发公共事件预警相关研究

基于预警基本理论、技术、方法等指标，国内外学者从经济学、管理学等维度构建指标体系开展预警研究，主要包括：①旅游预警理论研究。戴斌等（2017）基于景气指数方法构建了我国旅游预警指标体系以监测旅游经济运行。王丽华等（2010）以游客供求关系为核心系统的城市安全系统模型。吕婷等（2019）从危机管理的视角研究各类旅游突发事件在不同危机生命周期阶段的研究热点及框架演化。②评价方法和评价体系。SSL Hettiarachchi 等针对 2004 年海啸对斯里兰卡的影响编写斯里兰卡预警系统（EWS），以评估其在实现灾害恢复力方面的有效性。张捷雷（2015）以模糊层次分析法构建旅游地旅游安全评价的指标体系。邹永广（2016）等对旅游景区安全系统进行评价，以核心、辅助和保障三个系统为基础构建了景区旅游安全评价指标体系。

（三）大数据在旅游预警领域的相关研究

近年来开始有学者尝试将大数据、数据建模手段用于旅游预警领域，目前主要成果有：（1）基于大数据的预警体系建构。王玉玲（2015）基于"外滩踩踏事件"构建由时间、空间、主客体三方面构成的智慧旅游预警指标系统，并提出了支持该系统运行的技术环境和管理环境。任武军等（2016）提出了基于多源大数据的旅游预警系统架构，构建包含经济、通信、互联网、社交媒体的多维预警指标体系。（2）景区监测与安全预警相关的大数据应用。周效东等（2017）重点分析了旅游大数据在构建景区安全预警机制中的重要性和基本策略。张诗雨（2017）提出在大数据时代的背景下，通过建立旅游大数据中心来联合采集数据，预测景区客流量及相关道路情况并采取拥堵预警机制。

综上可见，旅游突发公共事件预警研究的理论基础、评价及研究体系已初步形成，大数据应用正在成为学术热点，以上文献为基于大数据的旅游突发公共事件预警研究提供了理论和方法论基础，但还存在以下不足：① 缺少聚焦旅游突发公共事件领域的综合预警体系研究。目前关于旅游危机、旅游安全方面的预警研究较多，其中包含了经济金融、政治动乱等诸多方面，聚焦突发公共事件的细化指标设计和预警体系构建研究较少。②缺少面向市场主体的突发公共事件预警研究。目前旅游突发公共事件的应急管理、预警体系构建等大多立足政府角度，面向地方主管部门的管理研究较多，但面向旅行社、酒店、景区等市场主体的预警体系研究较少。③缺少可落地的大数据预警解决方案。当前大数据在旅游统计、旅游管理方面的应用还处在起步阶段，一方面，智慧旅游相关研究主要集中于指标体系构建，指标对应的数据采集、数据接口和数据交互等内容触及较少。另一方面，市场中旅游大数据应用主要为交通及景区车流、人流监测，距离突发事件的预测及应对还有很长的路要走。

（四）本课题疫情防控研究基础

1. 中国旅游经济监测与预警研究

为便于国家宏观决策部门及时准确了解旅游消费、旅游产业和旅游就业的总体状况，以及旅游经济对国家宏观经济运行的作用，中国旅游研究院开展旅游经济监测与预警研究。基于宏观经济预警理论和产业实践的"中国旅游经济监测和预警模型"构建了一套科学性和实用性兼容的指标体系，并在定期监测的过程中进行验证和模型优化。综合市场调查、业界访谈、专题研讨等研究方法，确保各个相对独立的监测模块在规范运作的基础上实现有机整合，从而保证了政府决策机构对旅游经济运行的总体判断、问题确认、趋势预测和政策设计建立在真实可靠的学术基础上，并及时回应政府和业界对重大现实问题的关切。

2. 深大智能疫情防控及预警平台建设

作为专业从事数字化景区与智慧景区系统整体研发推广的企业，深大智能依托技术创新赋能文旅产业。为积极应对新冠疫情对文旅产业的影响，

2020 年，深大智能通过加紧研发"抗疫"产品，发布了第一代智能测温文旅景区票务安检系统。目前，深大智能正在加紧研发能够便于监测、发现特定人群的机器人、AI 综合管控平台、口罩预约平台、生活必需品派送平台、测温票务系统、测温人脸识别系统、测温智能终端监测系统、基于 AR 的温度感应系统等，其中测温门禁系统和测温人脸识别系统应用于机场和景区场景的产品都已经研发成功，已经开始在相关 5A 级旅游景区安装应用，专门针对病毒潜伏期、隔离期需隔离的病人或高危人群。

二、文化和旅游行业疫情防控预警模型构建

（一）社会预警的核心概念与运作模式

1. 相关核心概念

（1）预警的内涵。

预警，就是要在警情发生之前对之进行预测预报。[1] 也有学者认为，社会预警是"依据对社会发展稳定状况的判断，按照社会系统整合关系的模型分析，对社会系统运行的（安全）质量和后果进行评价、预测和报警"。[2]

（2）警情、警源、警兆。

社会警情是社会运行中出现了对社会进步起阻碍甚至破坏作用的社会现象或问题。在社会预警中，明确社会警情是预警的前提。

社会警源是产生警情的根源，从产生原因及机制上分为内生警源和外生警源。细分类别包括自然外生、自然内生、社会外生和社会内生警源。在社会预警中，寻找警源是预警过程的逻辑起点。

社会警情在孕育与滋生过程中先行暴露出来的现象为警兆。警兆可以是

---

① 张春曙. 大城市社会发展预警研究及应用初探［J］. 预测，1995，（1）.
② 鲍宗豪、李振. 社会预警与社会稳定关系的深化［J］. 社会学，2001，（10）.

警源的扩散，也可以是警源扩散过程中产生的其他相关现象。在社会预警中，分析警兆是预警过程中的关键环节。[①]

（3）警限和警级。

警限是警情由量变转化为质变的临界点，是安全与危险直接的警戒线。

根据警情的警限，运用定性与定量方法分析警兆报警区间之后，为表达警情的严重程度而人为划分的预警级别就是警级。警级一般分为无警、轻警、中警、重警、巨警等级别，在预警图上以绿色、蓝色、黄色、橙色、红色表示。

2.预警运作模式

旅游疫情预警模型以预警指标为基础，根据建构的指标体系和数据信息，开展警情监测、警兆识别、警源分析和风险评估工作，对警情进行级别认定。同时在机制设计、组织机构、法律法规、操作流程方面完成制度化响应。根据预警模型反馈的信息，及时采取提前防控措施，包括风险规避、转移、补救等措施，有效化解风险，减少或消除损失。

预警系统由指标构建与信息采集系统、警情分析系统（警情监测、警兆识别、警源分析、警级评估）、警报信息识别与应对（见图4-1）。

（二）面向政府的综合防控预警体系和告警机制构建

本课题拟构建服务政府的、涵盖疫情防控在内的旅游目的地综合防控预警体系构建，以各地方政府应对旅游突发公共事件预警的基本原则及职能为基础，针对自然灾害、事故灾难、公共卫生、社会安全等细分领域的风险特征、管理现状和防控要求，确认警义、寻找警源、分析警兆、预报警度，制定细分领域的预警体系，按照文化和旅游"十四五"规划、旅游高质量发展等战略要求进行预警体系创新和高效告警机制构建。

---

① 阎耀军.预测·预警·预控——未来研究三部曲［M］.北京：社会科学文献出版社，2018.

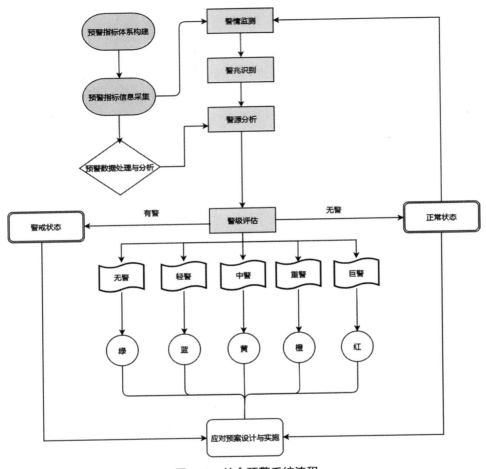

图 4-1 社会预警系统流程

1. 面向政府的旅游综合防控预警指标体系

面向政府等旅游综合防控预警指标体系围绕自然环境风险、社会环境风险两方面展开。自然环境风险包含地震、水灾、暴雨、雷电、泥石流等，预警指标主要通过气象、水利、地质等部门等日常监测、预报预测数据获取，预警评价等指标包括自然灾害的历史发生次数，灾害直接经济损失、社会负面影响、预警预报发生的可能性等。社会环境风险主要包括事故灾难、公共卫生、社会安全三部分。事故灾难依据交通事故、火灾、安全生产事故等，信息渠道主要源于交通、消防等社会管理部门；公共卫生主要包括传染性疾病、食物中毒、职业危害、环境污染、动物疫情等内容，信息渠道源于卫生管理部门、劳动与保障部门等；社会安全主要包括刑事犯罪、治安管理、社会纠纷等，信息渠道包括公安、劳动保障、街道社区等。社会环境风险等评价指标包括但不限于事故发生次数、伤亡人数、直接经济损失、社会负面影响、传播（覆盖）范围、传播速度等（详见表4-1）。

表4-1　面向政府的综合防控预警指标体系

评估名称	二级分类	具体内容	信息渠道	评价指标
自然环境风险	地震、水灾、暴雨、雷电、泥石流等		气象、水利、地质等部门	历史发生次数、灾害直接经济损失、社会负面影响、预警预报发生可能性
社会环境风险	事故灾难	交通、火灾、安全生产事故等	交通、消防、公安等社会管理部门	事故发生次数、伤亡人数、直接经济损失、社会负面影响
	公共卫生	传染性疾病、食物中毒、环境污染、动物疫情、职业危害等	卫生管理部门、劳动与保障部门	事件发生次数、传播（覆盖）范围、传播速度、（气体、水体、固体等）污染排放量、直接经济损失、社会负面影响
	社会安全	刑事犯罪、社会治安、社会失业、社会纠纷等	公安、劳动保障、街道社区等部门	事件发生次数、受波及人员范围、直接经济损失、社会负面影响

2. 聚焦疫情防控的预警指标体系设计

自2020年起，新冠肺炎疫情席卷全球，疫情防控成为制约旅游市场稳定运行的重要因素，聚焦疫情防控的预警体系构建成为政府和市场管理的关键诉求。旅游疫情防控指标体系主要包括游客信息监测、游客及车辆的流量控制、交通出行疫情防控等方面。游客信息监测主要包括对游客基本信息的识别、体温检测、出游轨迹跟踪及分析等。流量控制包括人流和车流量的监控。流量控制首先需要对人流、车流等的预警界限进行设定，然后对关键时点及关键区域的人流密度、客流规模进行监测，对关键区域的交通车流进行监测，对当日和未来日的客流进行计量预测等（详见表4-2）。

表 4-2　面向政府的旅游疫情防控预警指标体系

一级指标	二级指标	三级指标
游客指标	体温监测	体温高于 37.3℃
	客源地、行动轨迹	是否来自中高风险地区、境外
旅游目的地（景区、酒店、文化场所、餐饮、娱乐场所等地）	人流控制	人流正常、预警、告警界限
		入园 / 店时点流量
		目的地一定区域人流量
		当日 / 未来日流量预警
	车流控制	车流正常、预警、告警界限
		重点路段车流控制
		重点区域车流密度
		停车场车辆饱和度
	体温监测	游客入园、游中体温监测
	舆情监测	游客投诉受理及反馈
		热点事件舆情监控
		国内疫情实时消息
交通	人、车流量控制	重点路段流量监测
		热门旅游目的地
		停车场等

3. 面向政府的综合防控告警机制构建

基于上文面向政府的综合防控预警指标体系，本课题拟设定告警标准、机制及流程，以全面提升文化和旅游主管部门对管辖区域的全面管控水平。

面向文化和旅游主管部门的预警体系和告警机制构建主要包括风险识别、风险评估、风险认定、综合防控与管控四个方面。风险识别主要是指对文化和旅游目的地的自然环境、社会环境对风险识别。安全管控能力评估是对所属区域安全组织结构、防控投入、处置方案等防控和管控能力评价。风险认定是综合风险等级与安全管控能力，设定正常、预警、告警的界限，实现对区域风险承受与应对能力的客观评价。风险防控是在预警、告警机制下对已发生风险的处置，包括风险规避、风险转移、应急处置、救援补救等（预警、告警、防控流程参见图4-2）。

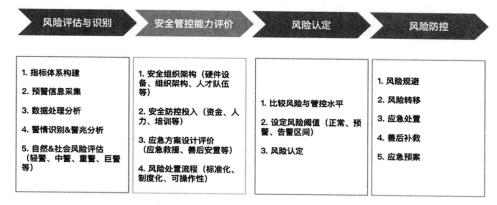

文化和旅游综合防控告警机制构建

图4-2　面向政府的文化和旅游综合防控告警机制构建

（三）面向旅游市场主体的预警体系与告警机制构建

1. 面向市场主体的预警指标体系设计

面向文化和旅游企业等市场主体的预警指标体系构建，需要梳理文化和旅游企业面对突发公共事件的困境和诉求，根据旅行社、景区、酒店、文化企业、公共休闲场所等不同类型文化和旅游企业的经营现状和服务对象特征，设定定制化的预警指标，搭建多场景的综合突发公共事件预警体系。

针对疫情新形势，利用多源、多维数据，设置先行、一致、滞后指标，基于三类指标搭建疫情防控预警指标体系，并利用统计法建构模型，实现对旅游目的地的事前、事中控制和事后总结分析。

旅游目的地事前防控主要从旅游数据、交通数据、环境数据三个方面着手。旅游数据拟选取景区等分时预约数据、酒店民宿等预订数据作为先行指标；交通数据的提前掌控有利于目的地人流的及时疏导和应急决策制定，具体包括目的地所在区域铁路、公路、民航等客流数据；环境是影响旅游目的地安全的重要指标，包括自然环境（天气、水文等）和社会环境（社会治安、通信网络等）数据。

旅游目的地事中控制主要包括游客数据和热点舆情跟踪。游客数据包括目的地人流量、体温监测数据、游客属性（所属地、行动轨迹等）数据；热点舆情主要包括疫情相关或影响旅游安全的新闻、网络话题等跟踪。

旅游疫情防控的事后评价对于优化模型结构，提升防控效果有积极作用，具体包括景区分流数据、疫情防控资源分配数据、游客投诉数据、安全相关的游客评价数据等（见图4-3）。

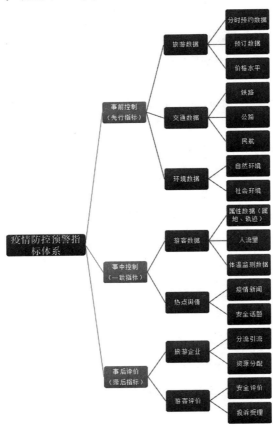

图4-3　面向市场主体的预警指标体系设计

2. 聚焦疫情防控的预警指标体系设计

聚焦疫情防控，对文化和旅游场所（景区、酒店、民宿、文化场馆等）的预警指标体系构建主要包括流量预警、疫情舆情预警等内容。流量告警包括人流、车辆警限设定、触发条件、触发周期、预警显示等内容（参见表4-3）。

表4-3　市场主体疫情防控的流量预警指标设计

类型	等级	触发条件	触发周期	播报方式	播报内容	备注
流量告警	黄色警戒	人流量≥＊＊万人次 车辆数≥＊＊万辆	实时触发	1. PC端预警滚动播报 2. PC端预警弹窗 3. 移动端消息推送	触发警戒等级，当前人流和车流情况，应对管控措施内容链接	人流根据闸机、计数摄像头取得，车流根据停车场或道路卡口计数摄像头取得
	橙色警戒	人流量≥＊＊万人次 车辆数≥＊＊万辆	实时触发			
	红色警戒	人流量≥＊＊万人次 车辆数≥＊＊万辆	实时触发			
	日最大承载量	人流量≥＊＊万人次	实时触发			
区域拥挤预警	－	区域人流量≥限定阈值	实时触发		区域人流情况，应对管控措施内容链接	区域人流量由人群密度相机提供
未来日预警	－	人流量预测≥限定阈值	实时触发		预测人流量，限定阈值，应对管控措施内容链接	人流量预测由预测模型提供
当日时段预警	－	人流量预测≥限定阈值	实时触发		预测人流量，限定阈值，预计触发时段，应对管控措施内容链接	人流量预测由预测模型提供

文化和旅游目的地的疫情舆情预警包括对国内各地区疫情新增情况、区域风险等级变动的实时监测，按阶段包括游前预警和游中预警（参见表4-4）。

表4-4 市场主体疫情防控的疫情舆情预警指标设计

类型	等级	触发条件	触发周期	播报方式	播报内容
疫情游前预警	-	1. 预约游客来自中、高风险地区 2. 预约游客健康码为红色或黄色	若干小时	1. PC端预警滚动播报 2. PC端预警弹窗 3. 移动端消息推送	汇总统计异常风险的总量
疫情游中预警	-	1. 大范围人体测温设备采集异常游客体温触发报警 2. 景区工作人员通过手持测温设备采集游客异常体温	实时	1. PC端预警滚动播报 2. PC端预警弹窗 3. 移动端消息推送	异常体温人员信息
新增国内疫情	-	国内新增疫情病例	每日	1. PC端预警滚动播报 2. PC端预警弹窗	新增疫情地区和病例数量
区域风险等级变动	-	区域风险等级改变	每日	PC端预警滚动播报	地区名称和等级变动对比

3. 面向市场主体的防控告警机制构建

本课题拟针对开放式景区、非开放式场馆、文化场所等多场景进行定制化预警模型和告警机制建构。旅游企业的防控机制建立依照防控指导原则，按照总分结构，搭建行业整体、细分业态的预警指标体系，依次完成指标设计、数据处理与分析、警情状态决策和应急预案制定。

面向景区、文化场馆等市场主体的预警体系和告警机制，以分时预约为开端，以预警指标体系为防控基础，以数据分析为抓手，按照风险识别、评估、认定、处置的流程，完成闭环防控管理。本课题拟利用游客基本信息数据、分时预约数据、游客体温数据、大数据实时监测数据及其他旅游多源多维数据等，结合疫情防控需求，运用大数据分析技术手段，建立疫情防控预警模型，研究疫情防控告警机制（见图4-4）。

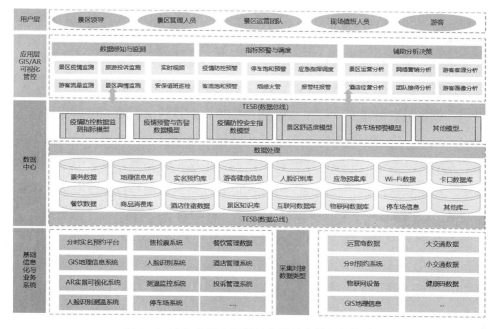

图 4-4　面向市场主体的综合防控告警机制构建

（四）应用场景

1. 旅游景区经营业态的发展与支持

自 2003 年针对景区开展的旅游景区质量等级的划分与评定，到 2014 年景区最大承载量核定导则，到国办发〔2019〕41 号文明确指出"推动旅游景区提质扩容"，旅游景区的经营接待信息化水平逐级提升，在需求侧追求美好生活的愿景下，景区的经营业务已经由过去的纯门票观光型经济转变为多业态融合发展的休闲经济，迈入发展的新阶段。

针对旅游景区经营业务的科学研究和技术攻关，其典型应用场景包含但不限于：基于时空分布的景区经营业态有序接待、高效运营。针对景区门票的分时预约，有助于提升景区的综合接待能力；针对景区下辖景点、交通车船的分时预约，有助于保持区间 / 区域内接待的动态平衡；针对景区内餐饮、住宿、租赁等二次消费项目的预约，有助于提升相关经营业务的接待坪效比。从总体上实现景区人财物的合理调配。注：推动旅游景区提质扩容：支持各地加大对旅游景区的公共服务设施资金投入，保障景区游览安全，推动景区设施设备更新换代、产品创新和项目升级，加大对管理服务人员的培训力度。打造一批高品质旅游景区、重点线路和特色旅游目的地，为人民群众提供更多出游选择。合理调整景区布局，优化游览线路和方式，扩展游览空间。推进"互联网＋旅游"，强化智慧景区建设，实现实时监测、科学引导、智慧服务。推广景区门票预约制度，合理确定并严格执行最高日接待游客人数规模。到 2022 年，国家 5A 级旅游景区全面实行门票预约制度。

2. 互联网时代游客对旅游景区的内容与质量抱有期待

自 2003 年旅游景区进入 PC 互联网时代，到 2008 年 OTA 渠道的兴起，到 2011 年进入移动互联网时代，游客对旅游景区所提供的服务内容日益泛化，在专业化、社会化、市场化的支持下，旅游景区为增加与游客的连接，信息的公开性、内容化、趣味化、互动性日趋显著。

针对旅游景区对客服务的科学研究和技术攻关，其典型应用场景包含但不限于信息发布、消息推送、内容互动等。针对游前可通过攻略、资讯、电商、消息等服务，有助于游客提前获得景区游玩相关信息；针对游中可通过电子地图、导游导览、短视频、消息推送等内容、形式，有助于游客及时感知景区提供的各类内容，延长逗留时间；针对游后可通过官方、三方平台对景区服务进行评价，有助于景区增加与游客的互动，进而提升服务质量。

3. 旅游景区的指挥调度与综合管理

自 2005 年针对景区开展的"数字化景区建设指南"示范与推广应用，到 2013 年颁布促进智慧旅游发展的指导意见，到 2017 年出台"十三五"全国旅游信息化规划；大型旅游景区依据各自业务管理的特性建立了适合自身业务发展的运营管理系统，呈现出百花齐放的状态。

针对旅游景区的精准管理，其典型的应用场景包括但不限于：基于应急预案的景区实时指挥调度管理；基于景区核定最大承载量、瞬时承载量与景区预设分时预约库存及现场有序接待的动态调配管理；基于 5G、AI、云、大数据、物联网搭建景区的安全防控、智能疏导体系；基于互联网的舆情监测（见图 4-5）。

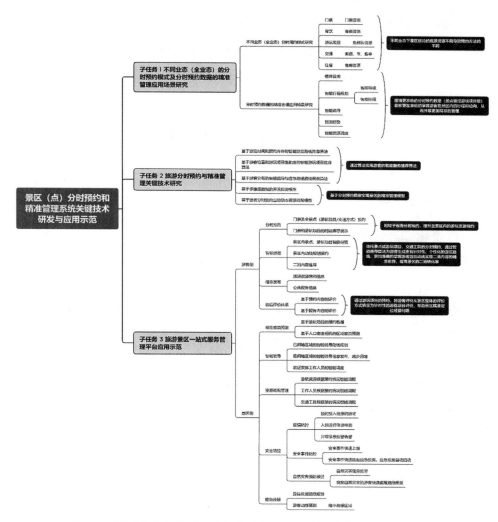

图 4-5　景区（点）分时预约和精准管理系统关键技术研发与应用示范

第五章　基于 GIS 及 AR 技术的可视化疫情管控系统研发

一、GIS 可视化疫情管控系统

（一）系统概述

可视化综合管控平台是基于互联网、物联网、云计算、大数据、5G 与 3D GIS 地理信息、人工智能等技术，整合现有信息系统的数据资源，将信息、技术、设备与景区管理部门需求有机结合，通过将景区内的海量信息资源进行整合共享，通过数据可视化建立一系列业务模型，对景区管理各领域运行态势和关键指标进行多维度可视化监测，提高管理者运营管理水平，实现对景区"人、财、物"的可视化集中管控、综合态势监测、综合安防监测、设施管理监测、数据挖掘分析与应用、集中指挥调度等。

景区内的相关物资、服务场所、服务设施、全息数据、应急事件等通过"一张管理图、一张指挥图、一张调度图、一张分析图、一张决策图"，全面解决景区存在的数据孤岛、信息不共享、数据分析不全面、数据不联动、调度效率低、资源配备不科学等问题。使景区的日常管理与服务工作更加精细化、智能化、立体化、协同化、数据共享化，管理者能全面感知景区的一事一物，提升景区管理效率与服务能力。

（二）GIS 地图制作

通过地图数据采集技术，采集并制作景区 2.5D/3D 地图（以下简称 GIS 地图），GIS 地图采集范围为景区范围内的建筑、服务设施、路网、园林等 GIS 数据采集和制作。

根据景区的资源定义相关的基础资料数据类型，采集各类数据至数据中心，景区的主要基础数据包括：服务设施数据、房源数据、园林绿化、文物数据、多媒体数据、文件数据、旅游知识库等多源关系数据和异构数据高效集成。

平台以 GIS 技术为基础，采集当地的地理信息数据、旅游景区的地理信息数据，生成 GIS 地图。并对旅游景区内部分主要建筑、设施进行建模（见图 5-1）。

图 5-1　3DGIS 地图效果展示

GIS 地图相比电子地图，可更加直观地表达地理实景，进一步为用户提供地图查询、旅游服务等。制作高精度 GIS 制作流程：

（1）通过无人机获取采集范围内的基础影像成果；

（2）根据获取的影像成果，通过建模、纹理贴图、后期调整等流程制作高精度、高逼真、高清晰度的 GIS 地图，在高精度的数据基础之上，所制作的 GIS 数据也会更加清晰和逼真，提高导航定位精度；

（3）GIS 地图可以通过切片发布为 WMTS 服务供用户端调用，并可以实现 WGS84 坐标系位置在 GIS 地图上的定位。

（三）GIS 地图引擎介绍

GIS 地图引擎是一套提供了驱动和管理地理数据，实现渲染、查询、分析等功能的函数库，与其他信息系统相互协作，将资源与环境、基础设施和社会各组成要素集成和整合在电子地图上，直观地表达和揭示数据信息所隐含的规律，可为旅游区的管理和决策提供技术支撑。它能够以地理信息为基础，充分利用云计算技术，实现景区海量数据的高效存储与计算，通过 GIS 技术应用为旅游管理和旅游服务信息化系统提供强有力的技术支撑，同时最大限度地为游客提供各种智慧化的旅游服务，满足游客多元化、个性化的旅游需求。

GIS 地图引擎对完成采集制作的 GIS 地图进行栅格化技术处理，地图应用端采用网格化加载，提高地图浏览加载速度。

主要功能包括：地图浏览、图层显示、地图放缩和平移、地图标注、区域划线、标注快速定位、在地图上加载静态数据和动态数据显示、支持多个 GIS 地图数据切换。

（四）可视化管控主要功能介绍

1. 综合态势监测

高度融合景区各领域现有数据资源，对区域内涉旅资源、安防、客流、基础设施、事件、环境等管理领域的关键指标进行综合监测分析，辅助管理者全面掌控景区运行态势，实现景区人、事、物统一管理，景区综合运营态势一屏掌握（见图 5-2）。

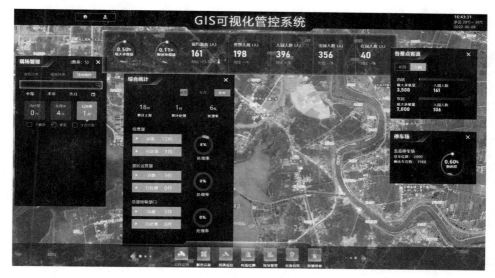

图 5-2　GIS 可视化管控系统 – 综合态势监测

2. 视频监控管理

对接景区已完成建设的视频监控系统，在 GIS 地图上展示景区视频监控的分布情况和建设位置，对视频进行分组与显示，对单个或多个视频监控进行实时预览（见图 5-3）。

图 5-3　GIS 可视化管控系统 – 视频监控管理

3. 服务设施管理

通过平台维护景区相关服务设施内容，在 GIS 地图上展示服务设施的位置及数量统计，维护服务设施的基本 POI 信息，包括：路灯、报警柱、垃圾桶、宣传栏、指路牌、直饮水、景区座椅、电子屏、无线网络、消防、厕所、景区出入口（见图 5-4）。

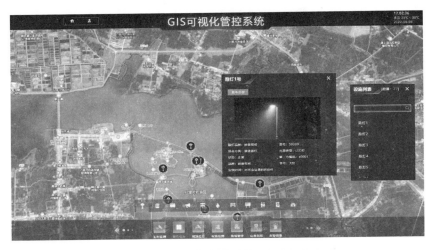

图 5-4　GIS 可视化管控系统 – 服务设施管理

4.游客救助服务

对接景区已建设完成的 SOS 报警系统,在 GIS 地图上显示 SOS 报警柱位置及分布,在游客使用 SOS 求救时,通过平台对 SOS 报警源进行快速定位,将附近安保、监控、广播进行联动,记录警报日志、短信通知内容(见图 5-5)。

图5-5　游客救助服务 – 八里河综合管控平台

5.景区停车监测

对接景区已完成建设的停车场系统,在 GIS 地图上显示停车场位置,显示停车场的车位数量、当前剩余车位、累计停车数量、停车场视频监控、车位饱和度、时段停车分析、自驾游客源分析、停车场预估游客量、停车场收费统计(见图 5-6)。

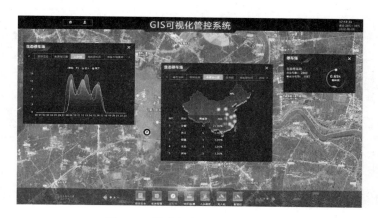

图5-6　停车场数据分析及监测

6. 景区客流监测

对接景区已完成建设的票务系统，在 GIS 地图标注各景点的实时入园人数、园内人数以及时段入园人数（见图 5-7）。

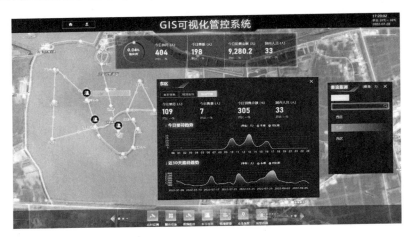

图 5-7　GIS 可视化管控系统 – 景区客流监测

7. 景区 Wi-Fi 服务

对接景区已完成建设的 Wi-Fi 系统，在 GIS 地图标注各 Wi-Fi 安装分布、Wi-Fi 时段访问人数、游客热力图，支持历史时段游客热力图播放（见图 5-8）。

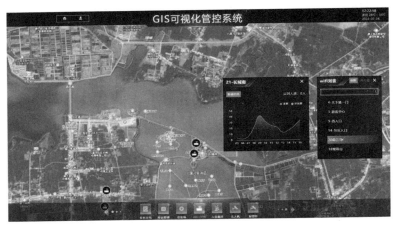

图 5-8　GIS 可视化管控系统 – 景区 Wi-Fi 服务

8. 景区火情监测

对接景区已建设完成的消控系统，接入消防火警实时报警信息和撤防信息，在 GIS 地图上显示消控设备报警位置和内容，接收到火情报警时弹屏提醒，查看历史消防报警记录（见图 5-9）。

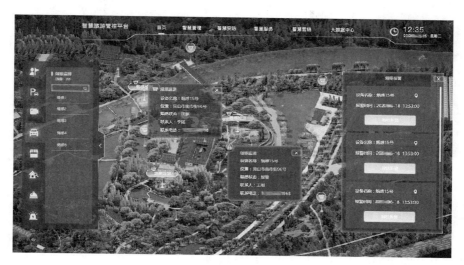

图 5-9　GIS 可视化管控系统 – 景区火情监测

基于 GIS 地图，对火警设施在地图上做位置标注，同样还是点击标注点即可展示基本信息介绍，灭火器钢瓶、气体到期前 30 天的到期提醒，降低因工作人员疏忽而造成过期物引起的不必要的事故发生的危险性。

9. 景区现场管理

为景区领导或值班长等现场管理人员提供现场管理模块，对现场上报事务进行流程化处理，包括事务的指派，事件处理状态及结果反馈，对管理日志统计和归类分析，生成值班日报。

（1）现场管理上报事件在地图上的标注与处理，可更直观地观察到事件发生的区域，对比不同区域在这一方面的管理结果；

（2）以日历形式展示不同月份的值班情况，对值班长的管理，包括新增与删除功能（见图 5-10）。

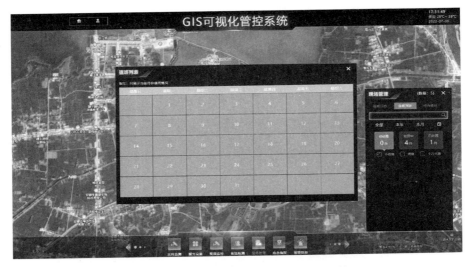

图 5-10 GIS 可视化管控系统 - 景区现场管理

10. 景区智能广播

对接景区已建设完成的智能广播系统，在 GIS 地图上显示景区广播安装位置及分布，通过平台实现对指定广播组语音播放、节目发布（见图 5-11）。

图 5-11 GIS 可视化管控系统 - 景区智能广播

11. 人员调度

对接景区已建设完成的电子巡更系统和 GPS 定位设备，实现人员信息查看，人员定位，实时轨迹，轨迹回放。在平台上显示今日当班人员名单，采集 GPS 定位数据，实现对安保人员、导游、保洁等工作人员的实时定位，并在 GIS 地图上显示其所在位置，GPS 轨迹显示，人员快速查询与定位（见图5-12）。

图 5-12　GIS 可视化管控系统 – 人员调度

12. 车船调度

对接景区已建设完成的车船调度系统（或游船 AIS 系统）和 GPS 定位设备，实现车船信息查看，游船定位，实时轨迹，轨迹回放。在平台上显示车船信息，采集 GPS 定位数据，实现对车辆、游船的实时定位，并在 GIS 地图上显示所在位置，GPS 轨迹显示，车船快速查询与定位（见图5-13）。

图 5-13　GIS 可视化管控系统 – 车船调度

13. 环境监测

对接景区已建设完成的环境监测物联网模块，或通过互联网采集气象、环保数据，在 GIS 地图上显示实时的天气信息、天气预报、环境监测数据，历史环境监测数据分析展示（见图 5-14）。

图 5-14　GIS 可视化管控系统 – 环境监测

14. 商铺管理

对景区自身拥有的物业（商店、餐饮店）进行维护，在 GIS 地图上显示各商铺所在位置，查看每个商铺的基本信息、商铺经营内容、管理商铺租赁合同（上传电子版合同），商铺租赁合同到期提醒（见图 5-15）。

图 5-15　GIS 可视化管控系统 – 商铺管理

15. 应急预案

针对景区应急预案内容，人员位置安排和预览，功能包括：在指定位置预安排好安保人员、应急车辆、救援车辆，重点管控区域范围，支持多个应急预案。

支持针对景区承载量、区域客流密度等各类焦点事件，基于时间、空间、指标等多个维度建立数据阈值告警触发规则，并支持集成视频巡检、流量监测等系统数据，自动监控各类数据的发展状态，进行可视化自动告警。

支持集成各类前端感知设备采集的实时数据，对景区内设备故障、突发火情等各类突发事件的发生地、实时态势、处置情况等信息进行可视化监测，支持智能化筛选查看事件发生地周边监控视频、警力资源，方便指挥人员进行判定和分析，为突发事件处置提供决策支持，提高管理者对突发事件处理效率。

支持将预案的相关要素及指挥过程进行多种方式的可视化呈现与部署，支持对应急管理资源部署、资源分布、行动路线、重点目标等进行展现和动态推演，提高指挥效率、人员对预案的熟悉程度、增强处置突发事件的能力和水平（见图5-16）。

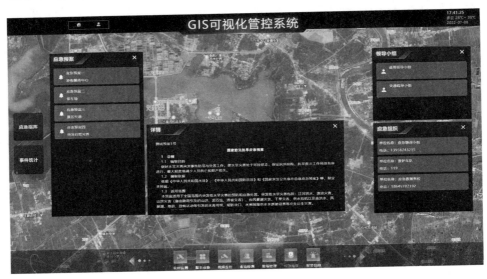

图5-16 GIS可视化管控系统–应急预案

附：应急指挥调度流程图（参考）

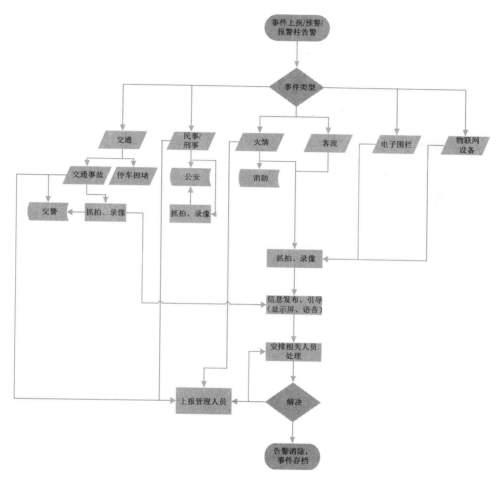

图 5-17　应急指挥调度框架流程

（五）平台后台管理及综合管控平台 App 介绍

平台后台管理包括视频管理、后台监控、服务设施、值班管理、报警预案等内容。监控信息包括对所有具体的监控设备管理。服务设施包括景区基本信息、拓展信息、Wi-Fi 设置等。现场管理为景区领导或值班长提供现场管理模块，对现场上报事务进行操作处理，包括事务的指派，事件处理状态及处理结果登记，包括值班设置、人员设置、车船设置、SOS 报警柱、商铺设置、预案管理等（见图 5-18）。

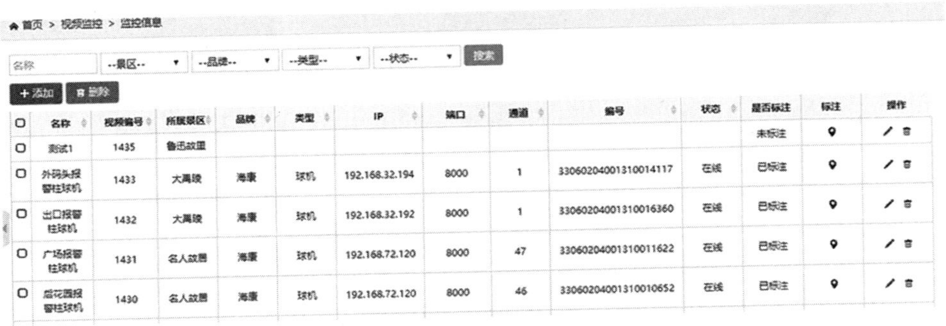
首页 > 视频监控 > 监控信息

名称 --景区-- --品牌-- --类型-- --状态-- 搜索

+添加 删除

名称	视频编号	所属景区	品牌	类型	IP	端口	通道	编号	状态	是否标注	标注	操作
测试1	1435	鲁迅故里								未标注		
外码头报警柱球机	1433	大禹陵	海康	球机	192.168.32.194	8000	1	33060204001310014117	在线	已标注		
出口报警柱球机	1432	大禹陵	海康	球机	192.168.32.192	8000	1	33060204001310016360	在线	已标注		
广场报警柱球机	1431	名人故居	海康	球机	192.168.72.120	8000	47	33060204001310011622	在线	已标注		
桃花园报警柱球机	1430	名人故居	海康	球机	192.168.72.120	8000	46	33060204001310010652	在线	已标注		

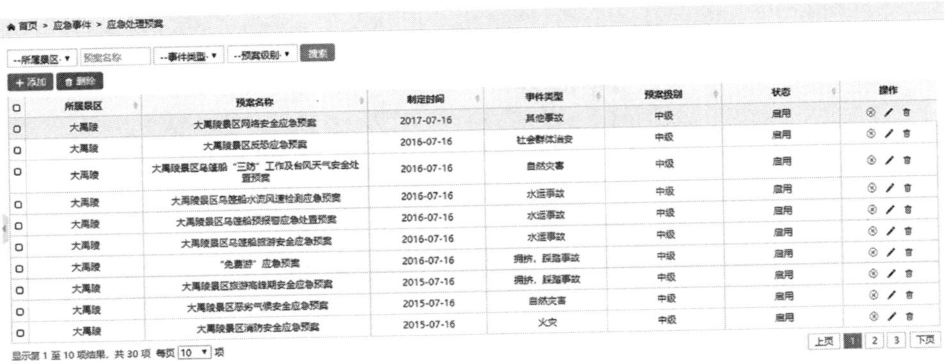
首页 > 应急事件 > 应急处理预案

--所属景区- 预案名称 --事件类型- --预案级别- 搜索

+添加 删除

所属景区	预案名称	制定时间	事件类型	预案级别	状态	操作
大禹陵	大禹陵景区网络安全应急预案	2017-07-16	其他事故	中级	启用	
大禹陵	大禹陵景区反恐应急预案	2016-07-16	社会群体治安	中级	启用	
大禹陵	大禹陵景区乌篷船“三防”工作及台风天气安全处置预案	2016-07-16	自然灾害	中级	启用	
大禹陵	大禹陵景区乌篷船水流风速检测应急预案	2016-07-16	水运事故	中级	启用	
大禹陵	大禹陵景区乌篷船预报警应急处置预案	2016-07-16	水运事故	中级	启用	
大禹陵	大禹陵景区乌篷船旅游安全应急预案	2016-07-16	水运事故	中级	启用	
大禹陵	“免费游”应急预案	2016-07-16	拥挤，踩踏事故	中级	启用	
大禹陵	大禹陵景区旅游高峰期安全应急预案	2015-07-16	拥挤，踩踏事故	中级	启用	
大禹陵	大禹陵景区恶劣气候安全应急预案	2015-07-16	自然灾害	中级	启用	
大禹陵	大禹陵景区消防安全应急预案	2015-07-16	火灾	中级	启用	

显示第 1 至 10 项结果，共 30 项 每页 10 项　上页 1 2 3 下页

图 5-18　应急预案电子版文档管理

（六）综合管控平台 App

1. 值班签到

当前用户值班签到，显示当前签到时间和前端位置，如果已经签到可以取消签到操作（见图 5-19）。

图 5-19　签到页面效果图

2. 值班安排

查看当前用户指定月份的值班安排（日历显示）、员工值班安排（见图 5-20）。

图 5-20　值班安排页面效果图

3. 值班日志

值班日志填报，填报内容包括值班长、值班时间、接待情况、收入情况、卫生及安全情况、重大事件、待跟踪内容、值班小结、现场图片上传，根据日期范围查看值班日志列表、值班日志详情页。

4. 票务信息

票务信息查看，包括：实时数据、历史数据、预订票务。

5. 事件上报

当前用户上报现场事件信息，内容包括：事件名称、事件描述、事发地和时间、现场图片（见图 5-21）。

图 5-21 事件上报页面效果图

6. 事件查看

根据日期范围查询统计事件信息，包括：事件统计，事件列表页、事件详情页（见图 5-22）。

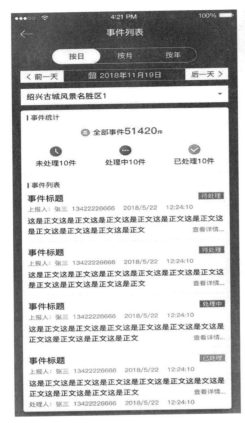

图 5-22　事件查看页面效果图

7. 事件处理

对事件处理意见或结果进行描述，包括：未处理事件列表页、针对未处理事件的处理意见和结果（见图 5-23）。

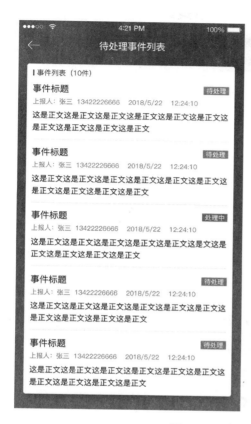

图 5-23　事件处理页面效果图

8. 景区动态

可实时查看景区当前动态，包括：客流量、天气等。

9. 安全巡检

当前用户对安全设备巡检结果进行登记，登记内容包括：设备类型、设备名称、设备状态、巡检问题描述、巡检时间、现场照片上传（见图 5-24）。

图 5-24 设备巡检登记页面效果图

10. 店铺管理

可对景区所有店铺信息进行查看，对物业租赁合同、安全设备到期提醒统计及到期合同的详细清单，根据租赁合同后安全设备的到期时间提前 30 天提醒（见图 5-25）。

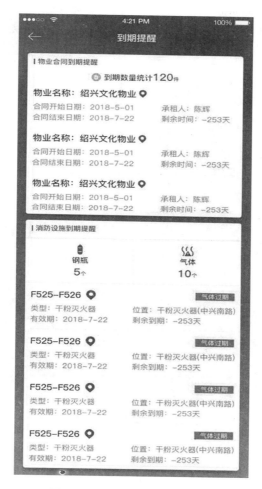

图 5-25　到期提醒页面效果图

11. GIS 可视化

支持在移动端的 GIS 可视化界面显示不同类型的设施信息，选择具体的设备信息后可高亮显示 GIS 地图中的对应设备标签（见图 5-26）。

图 5-26　可视化页面效果图

二、AR 可视化疫情管控系统

（一）平台核心技术介绍

AR 可视化疫情管控系统利用 AR 技术、视频网格算法计算，拟实现：

（1）视频地图应用功能，包括标签分层显示、标签屏蔽、标签搜索、标签跟随、标签交互操作等；

（2）高到低视频联动，支持切换到不同高点摄像机画面进行视频预览，支持通过预先配置好标签对应的摄像机参数，在当前视频画面中以画中画的形式调看该摄像机的视频，并全屏进入该摄像机画面，当摄像机为球机时，支持在全屏画面中控制球机云台；

（3）标签管理，在高点球机视角下，实现各类标签位置的标注与展示。

（二）基础资料数据采集

根据景区的资源定义相关的基础资料数据类型，采集各类数据至数据中心，景区的主要基础数据包括：票务数据、监控数据等多源关系数据和异构数据高效集成。

（三）数据交换共享

1. 综合数据交换

旅游数据资源只有通过交换、共享才能被充分开发和利用，而只有打破信息封闭，消除信息"荒岛"和"孤岛"，也才能创造价值。

数据交换及集成模块是业务系统间无缝共享数据、连通信息孤岛的高速公路，由数据交换管理模块、核心元数据审批模块、适配器模块、数据传输设计模块，权限设计模块，安全性和稳定性模块，易扩展，易用性模块组成，提供点对点的数据共享机制，有效地减轻了中心负担，实现系统的负载均衡，保证数据安全可靠高效地传递。为应用层各种应用系统的搭建和运行提供支撑服务，实现上下级纵向数据交换、旅游关联部门横向应用系统间的数据交换，以及面向外部的数据共享交换服务；接收来自数据交换平台的输入数据，进行异构数据融合，实现数据中心对关系数据、空间数据、实时数据、多媒体数据、文本、知识等多源异构数据的高效集成。面向各类数据，自动感知各业务库的增量数据，以定期或实时动态的方式向数据中心批量添加与更新数据。数据交换及集成模块主要由以下几部分构成。

（1）系统管理：①基础数据，管理第三方接入平台或单位的基础数据，包括单位名称、技术对接人、联系电话等；②数据字典，在线使用旅游数据规范编目管理系统的数据；③系统用户管理，管理登录本平台的用户并授予其相应的操作权限；④权限管理，对系统用户进行模块操作授权。

（2）Web 服务管理：①由于系统应用了较多的接口技术，而有些接口技术在数据更新的及时性方面有延时，因此需要进行动态刷新和手动刷新；②接口配置，提供对现有接口的配置管理，以便在接口发生变化或参数调整后能够及时进行更新；③接口有效性管理，支持对接口的状态进行变更，包括正常、停用、注销等多种状态。

（3）安全管理服务：用于生成第三方接入平台系统接入账号的管理，生成的账号采用明文进行显示，而密码采用 des 非对称加密成字符串，避免账号信息被盗用造成安全隐患。

（4）数据代理：本模块主要用于数据共享，为第三方提供旅游数据。

（5）数据模式管理发布：通过数据生成引擎，生成包括 WebService、JSON、REST、API 等多种接口格式数据。

（6）数据访问服务：通过本功能，可以设置哪些用户有权访问，访问哪些数据，是否加密，是否可读写等权限。按照接口类型、方法、数据字段为第三方配置数据访问权限，实现按需获取、分级共享。同时，所有数据接口默认访问间隔时间均相同，初步设定每次为 3 小时或 6 小时。

（7）信任服务：由于第三方对数据要求的及时性存在差异，因此第三方在请求数据时可能存在短时段连续请求的情况。考虑到实际业务需要，可以针对这类第三方进行单独设置，加入访问信任列表，保证其能够及时获得数据。

2. 综合数据共享

该功能模块主要是为了实现对数据中心的各类业务数据制定共享规则，实现对不同业务场景的数据共享制定独一无二的数据共享规则，实现数据中心的数据价值最大化。主要通过以下技术手段实现业务之间的数据共享。

（1）系统接入：实现门户外网应用、内网建设的系统数据接入。提供丰富的适配器，支持 XML 标准和内外网系统接入的松耦合接入服务，不会影响现有内网业务系统的正常稳定运行。

（2）数据获取：提供数据的定时、实时安全获取服务，支持数据完整性验证。

（3）数据加解密：提供数据加解密服务，满足内外网数据交换安全的需要，支持多种数据加解密算法。

（4）传输认证：提供交换域之间双方的身份认证，支持双向认证。

（5）安全传输通道：提供数据安全传输通道，在网络通信协议之上建立更安全的数据可靠传输虚拟专用通道。

（四）AR 可视化管控后台管理

1. 用户角色管理

在此模块可配置并记录系统权限，角色管理，组织机构管理、用户管理、用户日志记录、密码修改等信息。

（1）权限管理。对系统不同子系统模块权限的管理配置（见图 5-27）。

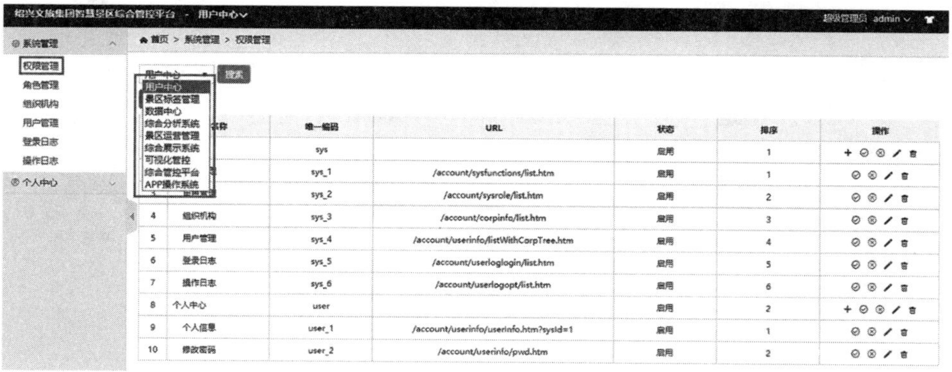

图 5-27 用户角色管理 – 权限管理

（2）角色管理。设置不同角色，对不同的角色配置权限（见图 5-28）。

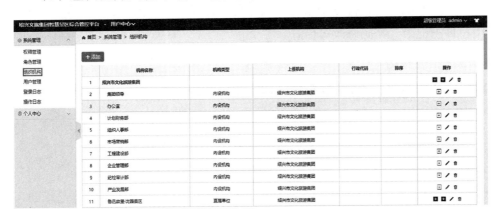

图 5-28　用户角色管理 – 角色管理

（3）组织机构。集团／景区组织机构的设置（见图 5-29）。

图 5-29　用户角色管理 – 组织机构

（4）用户管理。设置对应机构下的用户，并对不同用户配置不同的角色（见图 5-30）。

图 5-30 用户角色管理 – 用户管理

（5）登录日志。可对各用户登录信息进行记录（见图 5-31）。

图 5-31 用户角色管理 – 登录日志

（6）操作日志。可对各用户操作信息进行记录（见图 5-32）。

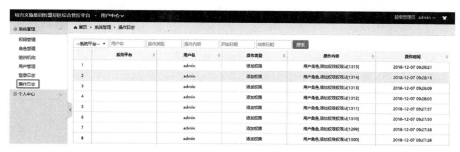

图 5-32 用户角色管理 – 操作日志

2.系统参数设置

系统设置内容主要包括数据字典维护（见图 5-33）、基本参数配置，微信参数配置、气象参数配置、节假日设置。

（1）数据字典。

图 5-33　系统参数设置 – 数据字典

（2）参数设置（见图 5-34）。

图 5-34　系统参数设置 – 参数设置

（3）微信设置（见图 5-35）。

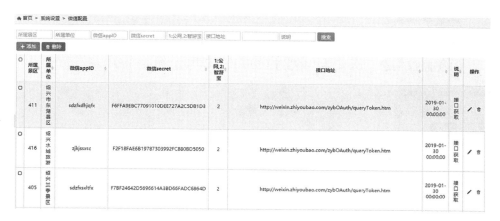

图 5-35　系统参数设置 – 微信设置

（4）气象参数配置（见图 5-36）。

图 5-36　系统参数设置 – 气象参数配置

（5）节假日设置（见图 5-37）。

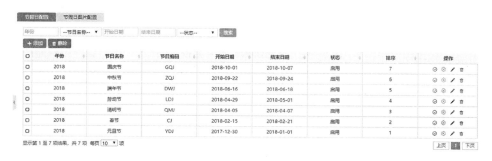

图 5-37　系统参数设置 – 节假日设置

3. 基础数据设置

视频管理

在可视化平台中对景区视频位置进行标注，并配置视频参数。

（1）监控信息。所有具体的监控设备的管理（见图 5-38）。

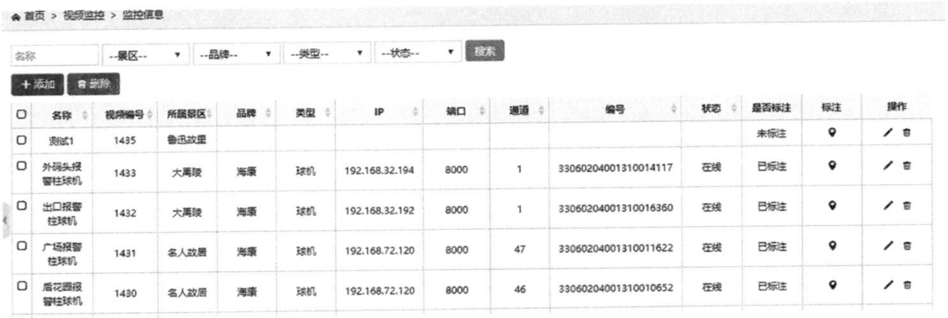
首页 > 视频监控 > 监控信息

名称 | --景区-- | --品牌-- | --类型-- | --状态-- | 搜索

+ 添加 | 删除

	名称	视频编号	所属景区	品牌	类型	IP	端口	通道	编号	状态	是否标注	标注	操作
	测试1	1435	鲁迅故里								未标注		
	外码头报警柱球机	1433	大禹陵	海康	球机	192.168.32.194	8000	1	33060204001310014117	在线	已标注		
	出口报警柱球机	1432	大禹陵	海康	球机	192.168.32.192	8000	1	33060204001310016360	在线	已标注		
	广场报警柱球机	1431	名人故居	海康	球机	192.168.72.120	8000	47	33060204001310011622	在线	已标注		
	后花园报警柱球机	1430	名人故居	海康	球机	192.168.72.120	8000	46	33060204001310010652	在线	已标注		

图 5-38　基础数据设置 - 监控信息

（2）监控分组。配置不同的监控小组，分配具体监控设备（见图 5-39）。

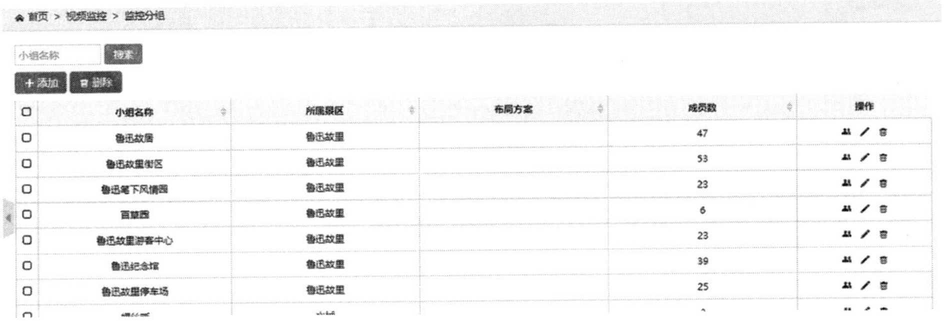
首页 > 视频监控 > 监控分组

小组名称 | 搜索

+ 添加 | 删除

	小组名称	所属景区	布局方案	成员数	操作
	鲁迅故居	鲁迅故里		47	
	鲁迅故里街区	鲁迅故里		53	
	鲁迅笔下风情园	鲁迅故里		23	
	百草园	鲁迅故里		6	
	鲁迅故里游客中心	鲁迅故里		23	
	鲁迅纪念馆	鲁迅故里		39	
	鲁迅故里停车场	鲁迅故里		25	

图 5-39　基础数据设置 - 监控分组

（3）无人机管理。设置无人机的流媒体参数及无人机的基本信息管理（见图 5-40）。

图 5-40　基础数据设置 - 无人机管理

（4）执法仪管理。管理执法仪基本信息，对接参数设置，执法仪领取登记（见图 5-41）。

图 5-41　基础数据设置 - 执法仪管理

（5）SOS 报警。设置景区报警设备基本信息，在景区可视化平台中显示 SOS 报警设备位置及分布，在游客使用 SOS 求救时，快速定位到报警位置（见图 5-42）。

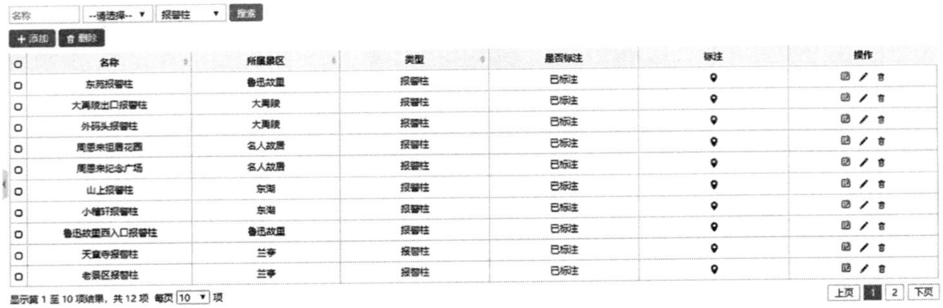

	名称	所属景区	类型	是否标注	标注	操作
	东苑报警柱	鲁迅故里	报警柱	已标注		
	大禹陵出口报警柱	大禹陵	报警柱	已标注		
	外码头报警柱	大禹陵	报警柱	已标注		
	周恩来祖居花园	名人故居	报警柱	已标注		
	周恩来纪念广场	名人故居	报警柱	已标注		
	山上报警柱	东湖	报警柱	已标注		
	小幡轩报警柱	东湖	报警柱	已标注		
	鲁迅故里西入口报警柱	鲁迅故里	报警柱	已标注		
	天章寺报警柱	兰亭	报警柱	已标注		
	老景区报警柱	兰亭	报警柱	已标注		

图 5-42　基础数据设置 -SOS 报警

（五）AR 可视化疫情管控客户端

通过 AR 视频融合技术，实现对各景区游客基础数据、疫情防控数据的全方位展示，实现对游客基础数据、疫情防控数据等情况进行实时监测，直观地了解旅游疫情防控运行动态情况和分析变化趋势，提高文旅企业应急响应处理能力及公共卫生和安全防护的综合管控水平，避免潜在患病游客进入文旅景区和场馆，及时管控突发疫情。

结合 AR 视频融合技术设计开发 AR 可视化管控，主要功能包括：标签标注、标签展示、标签筛选、事件报警、无人机、执法仪、游客人体测温、游客密度监测、视频联动、云台控制（包括球机焦距放大缩小、方向转动操作，支持通过在视频中画框实现视频画面的放大和缩小）等功能。

1. 标签展示

在高点视频中实现各类标签的交互操作（见图 5-43），包括：

（1）标签分层显示：标签支持分多个图层显示，根据标签类型显示；

（2）标签跟随：支持当摄像机云台转动或镜头变倍时，标签可跟随所标定的目标物移动。

图 5-43　雁荡山 AR 智慧管控平台 – 标签展示

2. 视频联动

在高点视频中实现高低点视频联动操作（见图 5-44）：

图 5-44　雁荡山 AR 智慧管控平台 – 视频联动

（1）支持切换到不同高点视频，高点视频预览和关联的低点视频标签显示；

（2）在高点视频中支持以画中画的形式调看低点视频，并可全屏进入该低点视频画面，返回高点视频操作，此项功能需要低点视频符合国家标准的视频协议。

3. 事件报警

对现场管理人员上报事件进行弹屏提醒和位置定位，可查看历史事件报警信息（见图5-45）。

图5-45 雁荡山 AR 智慧管控平台－事件报警

4. 无人机

无人机巡检、跟踪监测时相应显示界面显示所接的所有无人机设备，选择相应的无人机，在页面中间跳出悬浮框，对应无人机实时拍摄的视频，通过抓拍功能，可将所拍图片保存至相应位置（见图5-46）。

图 5-46　雁荡山 AR 智慧管控平台 - 无人机

5. 执法仪

可实现景区工作人员巡检工作的跟踪监测，对应界面中可显示所有执法仪信息，选择任一执法仪，跳出对应执法仪监测视频的弹框，展示执法仪实时拍摄到的视频以及所持对应执法仪的工作人员基本信息（见图 5-47）。

图 5-47　雁荡山 AR 智慧管控平台 - 执法仪

6. 游客人体测温

在景区重要或游客聚集服务场所安装大范围人体测温相机，并在地图上设置位置标签，对该标签播放视频时可以显示目标和测温范围，显示游客实时温度，记录游客体温超出设置的阈值记录。该设备可在人流密集的公共场所（如景交枢纽、售票大厅等）进行大面积监测，快速找出体温较高的人员进行标记并报警，实现区域异常体温信息检测实时预警，展示多维度监控数据，对区域实时监控体温数据进行可视化展示，使文旅景区能够精准筛查、快速发现、精准定位感染人员，避免疾病传播（见图5-48）。

图5-48　雁荡山AR智慧管控平台–游客测温

7. 游客密度监测

在景区重要或游客聚集服务场所安装具备客流统计功能的智能摄像机，实时采集设定范围内容的游客数量，在游客数量达到设定游客饱和度预警阈值，自动触发预警机制生成报警日志并在AR管控平台的管理端发布预警信息，通过指挥调度平台通知现场工作人员及时做好游客疏导，避免游客安全事故，降低疫情传播风险（见图5-49）。

图 5-49　AR 疫情管控平台 - 游客密度监测

第六章　文化和旅游行业疫情防控 SaaS 云平台构建

一、项目背景

根据用户的类型不同，文旅企业疫情防控综合管控云平台应用解决方案可满足省级、市级、县区级文旅政府以及景区四种类型的用户的文旅疫情防控需求。本章内容以省级文旅用户为代表，详细介绍文旅企业疫情防控综合管控云平台应用的具体解决方案内容。

省级文旅场所分时预约管理服务平台是"面向省级数字文旅建设服务"中的应用之一，通过统一的省级分时预约平台建设是落实文化和旅游部、省文化和旅游厅关于全面实行分时预约制度的重要部署。建设围绕预约数据统一汇集和管理、文旅场所预约情况实时监管、预订即预约的便捷式服务三大目标，在现有基础上深化、统一管理包括文旅产业总入口、主流 OTA 以及文旅场所现场窗口、自助应用等全部服务渠道的预约时段和库存，重构预约服务流程，新建数据服务总线、分销商服务支撑平台、大数据分析平台、统一用户中心，预留防疫办接口、产监平台接口、短信接口、健康码接口等开放接口，提高服务和数据共享能力。

二、建设目标

文化和旅游行业疫情管控平台建设目标包括：

（一）建立区域文旅场所预约总入口

通过建设区域文旅场所分时预约管理服务平台，实现多预约系统的统一数据管理。对于没有建设分时预约系统的文旅场所，统一在省级、市级平台进行分时预约、核销和管理。对于已建立分时预约系统的文旅场所，预约平台通过标准接口进行数据对接和汇总，使游客既可以通过预约统一平台入口进行预约，也可以通过其自建的预约平台进行预约。让预约制度从部分文旅场所的"自选动作"成为文旅场所的"统一行动"，不断提升游客体验，为实现文旅场所客流的精准管控及假日和高峰期应急管理打下坚实基础。

（二）实现分时预约平台与健康码及票务系统的对接

打通分时预约平台与健康码、重点旅游景区票务系统，实现健康码、预约码、场所码和行程卡"四码合一"。在游客"绿码""行程卡无异常"前提下，通过平台进行预约、购票，在预约的时段核验入园。

（三）实现分时预约平台与全网分销渠道的功能衔接

平台设置共享数据接口，供各文旅场所与 OTA 渠道的门票销售数据推送至分时预约平台共享，实现多平台预约票务的数据汇集及统一库存管理。同时，平台设置与各 OTA 分销平台对接的标准接口，且预约功能可作为工具助手嵌入携程、去哪儿、美团等 OTA 平台，推动各 OTA 平台与分时预约平台的数据对接。

（四）实现文旅场所预约情况的实时监测

整合文旅场所预约数据管理。分时预约平台通过接口实现与省旅游产业监测和应急指挥平台及文旅部综合监测平台的数据对接，使监测平台能够实时调用预约平台库内数据，对文旅场所门票预约情况进行实时监测。同时，通过接口与省大数据能力平台对接，加强省级数据的协同与互联互通，进一步增强数据价值和统筹监管能力。

（五）支持特殊人群预约管理

平台建设需充分考虑老年人、儿童、外国人、享受景区优惠政策的医护人员等特殊人群和团队游客预约管理难的问题，需为特殊人群和团队游客提供分时预约解决方案，实现"能约尽约"。

（六）建立宣传推广功能模块

平台设立多媒体宣传功能模块，各文旅场所管理人员可通过终端后台编辑宣传图文、海报等上传至平台，丰富文旅场所展示宣传功能。

预留与外部平台对接接口，统一平台和数据归口，打造管理、营销和服务一体化平台。通过省一机游平台为游客提供便捷的预约、购票及景区相应服务，也为"省文旅产业总入口"平台的精准营销，游客贴心服务提供数据支撑。

三、技术路线与设计思路

（一）技术路线

项目平台建设基于目前主流的设计思维以及开发技术推进，在技术路线选择上更多选用目前广泛应用并且符合产品需求的合理技术路线，打造一套成熟的技术应用体系。针对项目 SaaS 化应用需求采用云技术路线，平台的分级权限管理和应用采用 SOA 技术路线以及三层架构应用设计路线，移动端应用平台建设采用组件化设计路线和 LBS 技术路线以满足游客服务需求功能。多业务系统的集成和对接基于 TESB 技术路线实现。具体的技术路线介绍如下：

1.TESB 数据总线设计

系统数据共享交互采用 TESB 旅游企业服务总线（Tourism Enterprise Service Bus）设计，数据总线是分时预约平台与网络分销管控平台、产业运行监测平台、景区业务系统等的数据交换路径。数据总线具备统一的接口标准、路由服务、监控服务、对账服务、数据推送、报表平台等服务能力，可定义文旅行业各类业态和各种业务场景下的接口规范和数据规范，包括分时预约平台所有业务系统统一接入到 TESB，由 TESB 管理所有业务服务，解决不同异构系统的连接和数据交换问题，TESB 提供一个集中的平台使各异构系统之间进行相互通信，让服务消费者和服务提供者实现解耦。基于 TESB，能够搭建更加强大和稳定的数据中心，打通不同系统之间的信息孤岛和数据孤岛，减少因业务系统升级、替换、新增等对企业整体经营的影响，降低数据资产流失风险。

2. 云计算

云计算是一种基于互联网的超级计算模式，在远程的数据中心里，成千上万台电脑和服务器连接成一片电脑云。用户通过电脑、笔记本、手机等方式接入数据中心，按自己的需求进行运算。

云服务平台作为本期项目分时预约服务管理的基础平台，其建设需要利用新一代云计算技术、大数据技术、网络技术和通信技术，在主流资源云之上构建 SaaS 服务平台，为终端用户和行业用户提供高效、便捷的云服务，使得云 SaaS 服务平台服务能够延伸至各景区及涉旅企业，为后续全区一体化智慧旅游建设提供基础支撑，为智慧旅游应用高效、稳定运行提供坚实的基础。

系统要求必须完成 SaaS 服务平台的相关管理功能，有效保证 SaaS 服务平台的安全性、可靠性、可用性、扩展性。

3. 组件化设计

组件化设计信奉独立、完整、自有组合，尽可能把设计与开发的元素独立化，使系统具有完整的局部功能，并通过自由组合来构成整个产品。组件化的设计优势在于交互界面的层次清晰、风格统一，降低了用户的识别使用难度，并可根据使用者的偏好，进行个性化设置，培养用户的使用惯性和操作习惯。此外，组件化的设计具有良好的适应性与独特性，对于提升界面的体验，组件化可以快速响应业务需求，提升视觉效果。

4.LBS 技术

基于位置的服务（Location Based Service，LBS），它是通过电信移动运营商的无线电通信网络（如 GSM 网、CDMA 网）或外部定位方式（如 GPS）获取移动终端用户的位置信息（地理坐标或大地坐标），在游客移动端平台的支持下，为用户提供相应服务的一种增值业务。

5. 基于 XML 的自定义动态数据报表

系统报表的数据交换和配置采用了 XML 技术。系统管理者或用户可通过对系统数据库表的理解，将组成报表需要获取的数据字段进行逻辑分析，设计组织成为 XML 文档，使之具有良好的可读性和结构化特征。

XML 数据重映射、动态生成报表的方式，采用了从上到下的设计思路，可将报表静态和动态实现有效分析、大幅降低了数据报表模块的多样性和复杂性，为自定义设计和实现带来很大的方便。

6. 三层架构设计

三层结构在传统的二层结构的基础上增加了中间层（也称为应用服务层）。

由于业务逻辑被提到应用服务层，大大降低了客户端负担，因此也成为瘦客户（Thin Client）结构，中间层是生成并操作接收信息的业务规则和函数的集合。它们通过业务规则（可以频繁更改）完成该任务，并由此被封装到物理上与应用程序逻辑本身相独立的组件中。三层架构的应用设计，同时也很好地解决了对数据库服务器高频访问造成的业务压力。

7. SOA 松耦合设计

系统架构采用了面向服务的 SOA（Service-Oriented Architercture）。系统提供对外服务的应用程序封装和发布为 Web 服务（WebService），可通过服务注册和服务目录，面向使用者提供 Web 服务。这种松耦合架构的方式的集成，也使系统具有功能服务的可扩展性。

8. 总体性能需求

为了满足项目系统的正常运行需求，平台整体性能设计要求：

（1）系统能够支持 7×24 小时的连续运行。

（2）平均年故障时间：<1 天。

（3）平均故障修复时间 <60 分钟。

（4）由于软件故障引起的试验失败的概率应该不超过 5‰。

（5）能够保证系统的吞吐量。

（6）在高访问的系统部分体现高 I/O 的设计理念。

（7）整个系统负载均衡，避免出现瓶颈。

（8）保持每秒 20000 条数据的处理能力。

（9）支持同时调度 50 个以上任务模型的能力。

（10）平均业务响应时间不超过 2 秒。

（11）系统采用模块化开发。

（12）对软件数据及用户数据存储的操作事务都保存在日志中。

（二）设计思路

1. 分时预约架构

文旅场所分时预约服务平台项目采用一体化设计，在整体架构上是开放的、可扩展的模式，采用 Spring Boot、Spring Cloud、Dubbo 等主流微服务框架技术。平台能够面对不同的用户对象，提供丰富的访问路径，并根据业务的发展扩张同步扩展应用。

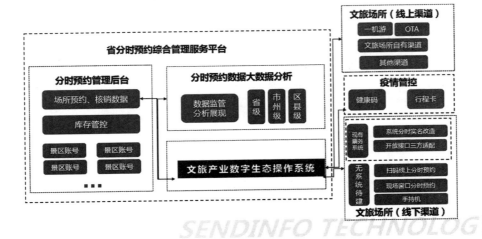

图 6-1 省域分时预约综合管理服务平台整体架构

面向省级分时预约综合管理服务平台架构（见图 6-1），针对分时预约管理服务平台项目建设整体采用三层结构方式，包括数据层、中间层和服务层。

2. 数据层

底层为数据中心层，主要包括数据对接平台（TESB）、数据整合管理平台、数据报表、数据可视化分析平台四大平台做支撑（见图 6-2）。

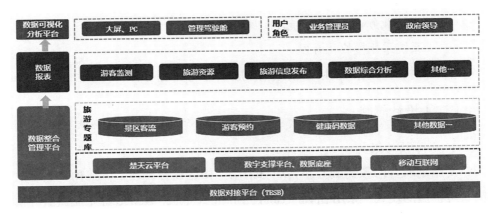

图 6-2 分时预约综合管理服务平台 – 数据层架构

包括平台的业务数据以及景区的业务系统数据通过接口方式集中到数据中心层实现数据存储。

3. 中间层

中间层为应用层，分别面向政府、公共文旅场所和游客提供相应的应用服务。对政府侧应提供实时预约售检票数据可视化展示界面，可在指定的展示渠道展示，便于全方位了解各公共文旅场所的接待情况，同时提供手机端登录管理方式，针对不同的管理人员提供不同权限的手机查询管理功能。对文旅场所侧应开放统一的分时预约系统，主要侧重入口的整合，各文旅场所的管理系统应使用同一个入口，减少各行其是，对预约库存的管理应简单便捷。对游客端则应提供全网范围内的多样的用户入口。游客进入平台后，应能方便快捷地使用服务。平台应能通过对接微信、短信、电子邮箱等多种媒体通知手段，让用户获取预约信息。

4. 服务层

服务层以提供游客端移动服务应用为主，采用微信和支付宝小程序页面可实现面向多场景多业态景区，提供分时预约功能。

5. 数据底层

数据底层主要建设分时预约数据库：底层数据留存，包括预约信息、时间信息、预约人等信息。

健康码对接：对接健康码，将身份信息与健康码自动对比，进行实时校验，有效解决"多码、多验"问题，确保只有绿码的游客才可下单预约和入园。

（1）云部署方案。

基于云部署设立一套 SaaS 服务模式管理系统，可满足节假日大流量冲击弹性资源需求，简化平台运维，保障系统数据和个人信息安全。

方案架构（见图 6-3）：

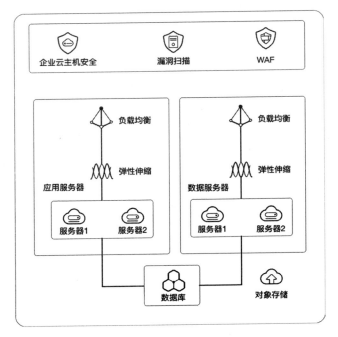

图 6-3　数据层 – 云部署方案架构

方案说明：

● 云服务器绑定使用弹性伸缩服务，可实现业务高峰时段自动横向扩容。弹性伸缩前端挂载负载均衡，实现流量的自动分发，可保证业务的稳定性和可靠性。

● 云上数据库主备实例，可实现业务自动切换。

● 非结构性数据存储在对象存储中，可实现自动容量拓展，数据持久性可达 99.9999999999%（12 个 9），可用性可达 99.995%。

● 整体购买企业云主机安全、漏洞扫描和 WAF，保证云主机的安全和业务的安全。

（2）数据规范。

对于各场所已有预约平台的数据进行调研，建立数据规范，完成各平台数据的整合，需要各个文旅场所上报现有平台的预约数据接口，各文旅场所预约平台接口对接需要遵循接口的相关规范，如 http-json 模式、签名等，接口中需要返回预约的日期、时段、预约人数等相关数据，由平台去查询各个现有系统的预约数据，在平台上进行数据归集、清洗，整个接口的数据传输通过密钥加签的方式验证数据安全，对于实现了平台数据接口的文旅场所，平台可以查看整体的聚合数据。

（3）数据权限。

在多级权限的规划中，通过平台可以查看下属所有文旅场所的数据，而下属文旅场所只能查看自己的数据，保证各文旅场所数据的隐私性以及安全性。平台以及各文旅场所产生的数据会按照系统规范进行数据存储，并打上相关标签。

（4）与大数据平台数据对接。

分时预约平台可与大数据能力平台对接，按照其需求将相关数据推送至大数据能力平台。

通过旅游数据中心，借助细粒度的元数据模型、稳定安全的数据管理、空间关系星形结构、数据权限分类管理，以及统一数据交换接口，构建科学化、智能化、人性化的数据分析系统，发挥数据综合应用和服务效能，实现分时预约平台业务数据存储到数据中心后再由数据中心统一通过 TESB 数据总线推送相关数据给大数据能力平台。

TESB 对接模式：

TESB 总线具备统一接口标准、统一路由服务、统一监控服务、统一对账服务、统一数据推送、统一报表平台等能力，提供一个集中的平台使各异构系统之间进行相互通信，让服务消费者和服务提供者实现解耦。完善的服务监控体系，能够降低各系统运行风险，提高应急问题定位和处理效率。减少因业务系统升级、替换、新增等对客户整体运营的影响，降低数据资产流失风险（见图 6-4）。

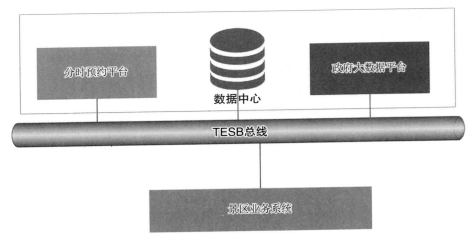

图 6-4　分时预约与大数据平台对接 –TESB 对接模式

TESB 提供服务运行功能实现各系统的统一接入和统一服务发布，实现服务的共享，是服务的统一注册、发布、运行和管理的载体。从而实现服务的注册和管理、服务发布和共享、服务路由控制、通信协议转换、流量控制、服务优先级、故障隔离控制等一系列平台功能，具有安全可靠、高效稳定的特点。

同时 TESB 可通过服务管理提供统一的管理配置，TESB 总线节点管理、服务管理、路由管理、协议管理、消息服务器管理、接入接出系统管理都可通过该功能实现配置。

TESB 具有完善的日志分析应用，抽取 TESB 总线的平台日志和业务日志，提供日志管理和备份策略，方便快速查找和定位问题。

利用数据推送应用可将各异构系统数据通过 TESB 推送到统一数据中心。

TESB 具有通信机制，包括上行通信和下行通信，实现双工同步、双工异步、负载均衡、健康探测、多路分发、动态隔离和恢复。

旅游数据中心紧紧围绕"智慧旅游"的核心与实质（信息汇聚、交换共享、数据分析、公共服务），按阶段、分步骤进行建设，以信息汇聚为基础，以大数据分析为支撑，为游客提供优质的公共服务，为政府提供准确的决策支撑。

建设旅游数据中心作为旅游大数据分析应用平台的数据处理中心、数据交换中心，实现网上业务流程及各种业务应用，并集中管理和整合核心业务数据。全面汇聚旅游企业、相关机构、从业人员、游客等旅游行业信息，实现旅游有关领域、体系和各业态单位数据的集中统一采集、存储、处理，以及相互之间信息的互联互通和信息共享查询，为上层应用系统进行分析和决策提供支撑。

通过旅游数据中心为文旅厅制定统一的数据采集标准，进行数据采集、编目、分级，实现旅游数据分类归档、授权应用；打破了信息孤岛，建立数据共享机制，解决信息数据交换和共享问题；建立"智慧旅游"数据和技术模型，利用数据挖掘、数据分析技术，构建科学化、智能化、人性化的数据分析系统，发挥数据综合服务和应用效能，提升旅游管理服务水平。

旅游数据中心纵向实现与市、县旅游企业的基础信息及行业应用信息的整合；横向还可实现与交通、文化、气象等各涉旅部门的数据整合，实现与各行业、各应用系统之间的数据共享与交换，以提高当地旅游信息化的数据处理、访问能力及数据容灾、恢复能力，降低数据安全风险，构建先进、安全、可靠的旅游统一信息交换平台。

对接数据内容：

针对大数据综合分析需求涉及如下数据对接需求：

✓ 景区基本信息数据

✓ 景区当天库存数据

✓ 景区当天分时预约游客数据

✓ 平台当天注册游客数据

✓ 景区当天核销游客数据

✓ 景区实时在园游客数据

✓ 游客实名制信息数据

数据采用定期任务的方式从由数据中心通过 TESB 数据总线实现和政府大数据平台同步。

对接数据来源：

旅游景区客流数据作为旅游行业的基础数据是本次项目数据采集的重点，分时预约平台的景区客流数据主要来源于景区业务系统，通过采集各个景区业务系统数据，实现景区分时预约、核销及在园人数的实时监测。对于 A 级旅游景区原则上均要求建立电子票务系统，实现分时预约售检票智能化系统化管理，对于尚未建立电子票务系统的景区可采用分时预约平台提供的小程序配置景区基本信息和业务内容后即可使用在线售检票方式开展线上电子化业务。

6. 技术架构

分时预约管理服务平台采用中台架构，包括业务中台服务支撑平台和数据中台数据服务总线。中台制定标准和机制，将业务规则、流程、计算逻辑、事务机制、消息机制、数据访问、缓存机制等，以微服务架构模型，原子化的分析业务模型，并围绕业务模型进行服务组件的设计，将每个服务组件以完整的服务接口封装、部署、服务注册和管理，中台需要支撑可扩展性、负载性和扩展性（见图6-5）。

图6-5　旅游数据中心技术架构

中台的建设有顶层运营平台，以业务需求、行业标准、生态角色为基点，将业务逻辑与实现逻辑分离。通过对业务领域的精准把握和分析，将业务模型拆分成若干独立的业务单元，每个业务单元由一个或多个微服务组成，服务接口封装良好，并通过服务注册发现机制发布。将控制信息从业务前台抽离到业务中台，以业务身份为主线进行组织管理。业务身份包含如业态、产品类型等维度，通过这些维度将业务中台的各业务服务组件组织起来，实现生态场景的业务。

本架构具有以下特点：

（1）统一接口能力。

中台业务模块化提供服务总线和支撑平台模块，具有统一接口能力，支持业务系统对接、业务数据链打通，采用轻量灵活方式实现线上、线下以及管控一体化。

（2）统一校验。

针对本项目集成多个业务实现健康码、行程卡、预约码和门票核销码等多码合一应用，支持预约库存、门票订单、健康码信息、行程卡信息统一校验，以预约为核心，实名制门票为呈现载体，实现预约订购信息校验一码完成。运营管理方统一管控更加方便，景区资源方数字化服务能力进一步提升，游客旅游服务更加人性化。

（3）资源配置灵活，可靠性高。

采用本架构方式可灵活配置资源，节约运维人力、物力投入，同时保障平台运行的高可靠性。

四、建设内容

目前文旅场所核销渠道众多，数据来源不唯一，无法统一监管；文旅场所客流量和核销数据未能实时采集，不能实现实时监测和智能决策；热点景区人工核验预约与购票工作量大、库存和场次设置不合理、假日和高峰期大量游客聚集拥挤，管理困难，增加了疫情传播风险。因此，应完善预约制度，推行分时段游览预约，引导游客间隔入园、错峰旅游。严格限制现场领票、购票游客数量，充分发挥本地"互联网＋旅游"服务平台的作用，并采取大数据分析等多种新技术手段，推动智慧旅游，科学分流、疏导游客，做到旅游景区流量管理关口前置，严控客流。要求继续做好面向公众的常态化疫情防控、预约旅游等宣传引导，培育预约旅游的良好习惯，做好游客流量关口前置管控及游客信息动态监测，满足运营管理部门整体监管需求。

（一）分时预约平台后台

文旅场所分时预约服务平台主要用来支撑面向游客的文旅服务平台中游客对各类旅游产品预订预约的业务模块，并且与后端的产品供应商系统打通，实现到文旅场所核销的一体化服务流程。

分时预约平台后台管理关系文旅场所整个运营系统、信息系统的升级和重构，要坚持"以运营为核心，全业态连接，全渠道覆盖"的原则进行总体设计，实现业务从"云到端"的全网格化管理，游客营销服务平台的矩阵化呈现，综合运营管理的多级管控，文旅场所数据资产的合理化应用。

平台具有系统登入、系统管理（包括账号分级管理，角色管理，权限管理）、文旅场所管理、黑名单管理、预约时段管理、预约库存管理、库存码管理、库存分次放量、短信提醒、售检控制、订单校验功能。

系统具体功能包括：

（1）文旅场所等用户首次使用分时预约管理系统时需由平台运营管理人员开设系统账户，开设账户需提供文旅场所名称、登录名（手机号码）、真实姓名、联系电话、联系地址、邮箱、描述等信息。

（2）账户开通后可通过注册时登记的手机号和密码登入。

（3）具有应用管理，设置相关业务的应用接口，主要针对不同的业务系统单独添加并设置，包括分配相应的编码和 key，然后再进行离线配置，可实现无缝对接，起到安全防护的作用，防止外部系统恶意请求。

（4）支持账户管理、角色管理和权限管理。

（5）文旅场所信息管理：支持维护文旅场所信息，把文旅场所日库存和库存码维护在文旅场所上，同时也可支持文旅场所多景点设置。

（6）限制预约人员管理：具有游客人员名单限制功能。

（7）预约时段管理：各文旅场所可通过系统进行预约时段管理。支持设置可预约日期、支持设置可预约时间段、支持设置关闭维护日期、平台提供预约时段模板管理，可支持各场所根据自己的运营情况调用时段模板方式设置基本预约时段信息，并可在此基础上进行灵活调整。

（8）预约库存管理：对每个预约时间段内的预约库存数量进行管理，依据文旅场所的承接能力，或上级下达的政策指令来设置库存数量，起到有效控制客流、错峰入园的作用。

（9）库存码管理：根据不同场所对门票的实际管理需求设置不同的库存码。

（10）库存分次放量：分时预约库存可支持分次放量。

（11）短信通知：支持对接第三方短信运营商、App 消息推送服务商、小程序通知等，提供通知提醒服务。

（12）售检控制：分时预约管理设置包含全网预约设置，涉及检票业务可支持弹性检票入园设置，包括允许设置提前或者推迟游玩检票时间。

（13）订单校验：渠道预订的分时订单，需进行分时预约库存的校验，验证通过后方可在业务系统生成订单。订单核销时，需根据分时预约订单信息与分时预约平台进行库存时段信息校验，校验结果返回票务系统，在订单核销后将预约状态同步至分时预约平台。

（二）数据交换平台

对于文旅场所现有票务系统通过服务总线提供接口标准进行分时预约的对接，实现预订信息、核销数据与分时预约平台、大数据管理端数据中心同步。

基于数据服务标准接口搭建更加强大和稳定的数据中心，从而打通不同系统之间的信息孤岛和数据孤岛，减少因业务系统升级、替换、新增等对整体经营的影响。提供标准数据开放接口，根据省防疫办、政府文旅产监平台等统计分析所需数据维度开放基础数据。对接文旅产业总入口平台，实现平台与分时预约平台对接打通、与产业监测平台对接上报分时预约平台预约及核销相关数据。

通过数据总线应用实现统一接口标准、统一路由服务、统一监控服务、统一对账服务、统一数据推送、统一报表平台。具体要求实现以下能力：

（1）平台基础能力，服务运行平台、服务管理平台、运营监管平台、日志分析应用、数据推送应用、数据一致性校验、统一数据报表应用（总线扩展应用）、通信机、消息组件。（2）门票业务标准接口，包括线上下单标准接口、线上下单线下检票标准接口、线上下单线上检票标准接口、线上下单线上退票标准接口、已检票异常退票标准接口、线上下单线上改单标准接口、线上系统查询线上订单在线下系统状态的标准接口、票务标准接口异常告警和状态反馈。

（三）分销商服务支撑平台

（1）通过分销商服务支撑平台连接文旅场所与分销商渠道（OTA、旅行社），为文旅场所提供可控制分销商渠道的分时预约管理环境，安全、便捷、高效地实现分时预约订单信息生成、发送、核销等功能。

（2）提供线上渠道分时预约接口标准，支持主流 OTA 渠道实现全网分时预约功能，包括美团、携程、同程、驴妈妈、要出发、马蜂窝、去哪儿，其他线上营销渠道或相关预订平台由分销商服务支撑平台提供标准接口支持三方系统对接。

（3）可支持"文旅产业总入口平台"、OTA 等线上渠道通过接口对接分时预约平台实现库存管控和校验。对来自线上的订单接入系统按照库存管理规则验证入园。

（4）平台统一对接健康码系统，同时向文旅场所业务系统提供健康码统一标准验证接口，支持票务系统以及线上渠道在门票预订、核销环节进行健康码校验。

（5）平台统一对接行程卡系统，同时向文旅场所业务系统提供行程卡标准接口，支持现场票务系统以及线上渠道在门票预订、核销环节进行行程信息校验。

平台具备完善的展现形式，支持 PC 网页端、App 等多种登录方式。提供用户中心、产品中心、订单中心、结算中心以及报表中心五个基础功能板块。其中：用户中心要求支持个人信息、企业管理、消息管理；产品中心要求支持产品管理、库存管理、销售码管理、退票管理等功能模块；订单中心要求支持订单管理、检票管理、退票管理、订单短彩信管理功能模块；结算中心要求支持备用金账户、交易结算查询、第三方结算查询功能；报表中心要求支持营业报表以及图表统计功能。

（四）大数据分析平台

对运营管理部门提供实时预约售检票数据可视化展示输入数据，提供查看预约人数排行、预约游客来源地、总预约游客数、总入园游客数、文旅场所预约排行、入园人数排行、预约游客画像、预约时段分析、预约趋势，预约人数和实际核销人数的统计等统计分析功能，便于全方位了解各文旅场所的接待情况；通过对预约数据的管理和分析来实现对游客的引导、调控及预约习惯的培养。方便文旅场所管理方提前做好文旅场所的管理工作。大数据分析平台具有专门的数据服务中心，可实现：

（1）文旅场所分时预订数据、预约核销数据采集，数据共享交换管理；

（2）交换节点管理、共享接口管理，交换日志流水；

（3）数据仓库管理：数据清洗、分类存储、格式化应用；

（4）数据分级管理：根据省、市、县不同等级，提供不同的权限查看范围及不同的功能；

（5）针对含有多个文旅场所的管理部门以及文旅集团用户，可支持通过勾选相应文旅场所实现管理部门或文旅集团层级分时预约数据总体分析展示。

大数据分析平台支持游客预约，省、市、县、文旅场所接待，游客来源等维度进行综合分析，展示文旅场所最大承载量，当天游客接待量以及瞬时接待量，对区域内文旅场所按照文旅场所、场馆等类型实现分类统计分析和排名。

（五）统一用户中心

统一用户中心，支持政府、运营管理方和文旅场所使用，不同角色用户开设统一账户并登入后可统一管理已授权的商业应用，并直接进入相应商业应用实现设置和管理。

具有不同应用业务的用户登入统一用户中心后可看到对应的商业应用，要求：

（1）分时预约总运营方账户，登入后在统一用户中心会有分时预约、大数据分析、分销商服务支撑平台商业应用。

（2）无任何信息化的文旅场所登入统一用户中心会有分时预约、公共服务支撑、扫码分时预约、现场窗口分时预约等应用。

（3）政府部门登入统一用户中心以大数据分析平台应用为主，如需要其他应用可以按实际需求授权增加。

（六）文旅场所票务系统改造与对接

省文旅场所分时预约管理服务平台提供接口标准，支持全省 4A 级及以上的旅游景区及重点文旅场所票务系统对接，实现分时预约数据和景区订单等数据根据要求统一上传至分时预约平台。要求实现实名制售检票，对接分时预约平台实现售检票库存管控，对接大数据行程卡系统实现下单和入园核销校验游客行程信息，对接省健康码系统实现下单和入园核销校验游客健康码信息等。总体要求支持与省内 A 级及以上文旅场所的票务系统打通，在票务系统闸机具备二维码识别或实名制身份证介质识读能力的文旅场所，支持分时预约平台购买的相应文旅场所分时预约门票通过电子二维码或身份证刷证验证核销。

（七）文旅场所线上分时预约系统

采用 SaaS 模式进行部署，整套系统部署在商业云平台，无须商户提供或租赁服务器设备，平台要分为文旅场所管理端后台、文旅场所管理端 App、前端展示三大部分。配套提供 IOS 和安卓系统文旅场所端 App 管理应用，微信公众页面（H5）和小程序移动客户端应用，为游客提供线上预约服务。

（八）文旅场所现场窗口分时预约系统

支持全省 A 级及以上的旅游景区及重点文旅场所实现窗口分时预约，具有管理后台支持系统管理、基础设置、票务管理、季节类型、订单中心、数据报表功能模块。当核销设备出现意外情况无法进行核销时，文旅场所可以在后台通过游客出示的凭证号码进行手动核销。游客出示订单详情页面，查看详情页输入凭证号查询到对应的订单。文旅场所现场窗口分时预约系统采用 SaaS 部署架构实现线上、线下一体化建设。方便无票务系统的文旅场所快速应用实现管理、营销、服务功能。通过模块化应用可灵活进行业务调整。整体系统要求实现功能包括：

（1）提升人员的工作效率，管理更加规范化，实现整个分时预约售票、检票、稽查、统计分析流程电子化；

（2）系统能兼容分时售票：二维码电子票、二代身份证作为介质的门票；

（3）分时预约售票支持目前主流支付方式，包括现金、聚合支付等方式购票；

（4）支持手持便携式终端设备检票；

（5）充分考虑与线上渠道的无缝对接，实现游客在线分时预约购票订单同步到现场系统，持电子二维码或二代身份证直接进入文旅场所。

对接分时预约平台实现时段库存校验、将预订以及核销数据同步至分时预约平台，对接健康码实现购票、核销两个环节校验游客健康码信息，对接行程卡系统实现购票、核销两个环节校验游客行程卡信息。

（九）文旅场所现场窗口分时预约核销终端 App

配套核销终端应用：支持实名制分时预约售票，刷身份证绑定实名信息；支持刷身份证检票、条码分时检票；对接健康码系统实现游客健康码信息校验；支持身份证、条码查验门票信息；退票：支持搜索条码号 / 原始单号找到订单，进行退单操作。对于某些持有特殊身份证件的人群，如老年人、儿童、外国人、享受文旅场所优待政策的医护人员等特殊人员等，提供对应的预约核销解决方案。

五、疫情防控大数据分析平台展示

对运营管理部门提供实时预约售检票数据可视化展示输入数据，提供查看预约人数排行、预约游客来源地、总预约游客数、总入园游客数、文旅场所预约排行、入园人数排行、预约游客画像、预约时段分析、预约趋势，预约人数和实际核销人数的统计等统计分析功能，便于全方位了解各文旅场所的接待情况；通过对预约数据的管理和分析来实现对游客的引导、调控及预约习惯的培养，方便文旅场所管理方提前做好文旅场所的管理工作（见图6-6）。

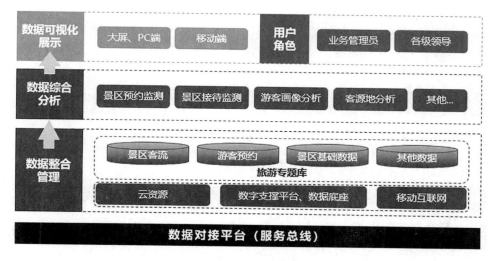

图 6-6　疫情防控大数据平台架构

（一）预约数据综合监测

　　预约综合监测分析模块可为文旅政府提供预约旅游实时监测，在疫情常态化下为文化和旅游场所的应急指挥与疫情防控决策提供数据支持，支持全国、省、市、县区四级预约数据监测与分析，预约旅游监测内容包括：预约旅游的热力地图、预约旅游的总览数据统计、提前预约人数与检票人数分析、防疫数据统计、游客接待趋势、热门预约景区排行及同比增长、热门景区接待排行及同比增长，可选择不同时间范围进行统计分析与对比分析（见图6-7）。

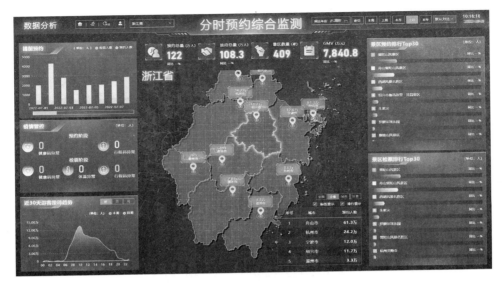

图 6-7　预约数据综合监测效果图

1. 预约旅游热度走势

可选择按时段、日、月、年的条件，分析全国或某个区域的预约热度走势，并做同期对比走势分析，为预测未来旅游预约趋势提供数据支撑（见图6-8）。

图 6-8　预约数据监测 – 游客接待趋势

2. 健康码异常数据统计

一是在景区入口查验游客健康码状态，如果发现健康码异常，工作人员通过移动端登记游客信息并上报平台，二是游客在预约景区门票时通过游客实名信息自动核验游客健康码状态，记录健康码异常数据，在预约综合监测中统计健康码异常数据及明细记录（见图 6–9）。

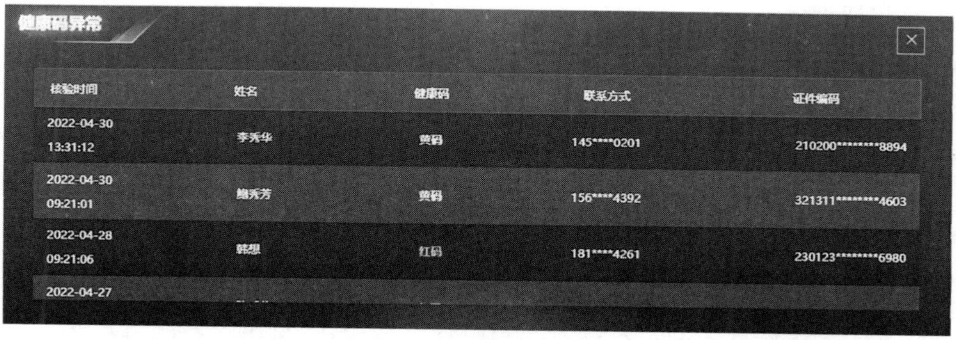

健康码异常

核验时间	姓名	健康码	联系方式	证件编码
2022-04-30 13:31:12	李秀华	黄码	145****0201	210200********8894
2022-04-30 09:21:01	鲍秀芳	黄码	156****4392	321311********4603
2022-04-28 09:21:06	韩想	红码	181****4261	230123********6980
2022-04-27				

图 6–9　预约数据监测 – 健康码异常数据统计效果图

3. 行程卡异常数据统计

一是在景区入口查验游客行程卡状态，如果发现行程卡异常，工作人员通过移动端登记游客信息并上报平台，二是游客在预约景区门票时通过游客实名信息自动核验游客行程卡状态，记录行程卡异常数据，在预约综合监测中统计行程卡异常数据及明细记录（见图 6–10）。

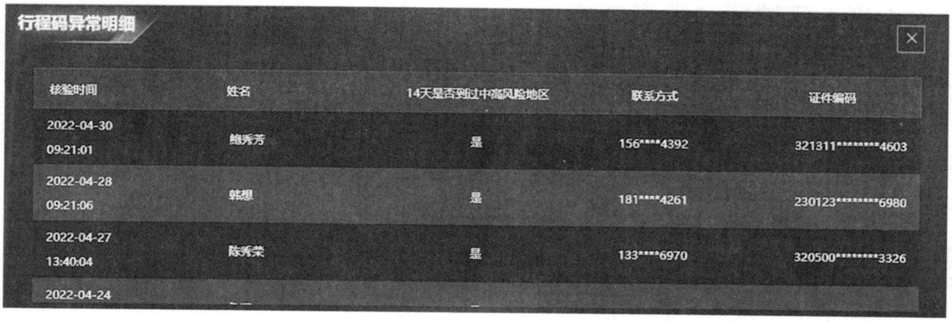

行程码异常明细

核验时间	姓名	14天是否到过中高风险地区	联系方式	证件编码
2022-04-30 09:21:01	鲍秀芳	是	156****4392	321311********4603
2022-04-28 09:21:06	韩想	是	181****4261	230123********6980
2022-04-27 13:40:04	陈秀荣	是	133****6970	320500********3326
2022-04-24				

图 6–10　预约数据监测 – 行程卡异常数据统计效果图

（二）景区预约数据分析

为文旅主管部门与景区提供景区预约数据分析，全面分析指定某个景区的预约数据及疫情监测数据。分析内容包括：在某个时段范围内的预约总数、接待总数、每天的预约人数及检票人数、游客健康码及行程卡异常数据统计、游客接待走势（时段、日、月、年）、热门预约产品排行、预约渠道占比、分销渠道及旅行社预约人数排行（见图6-11）。

图6-11 景区预约数据分析效果图

（三）区域预约数据分析

对全国各个区域、省份的预约旅游情况进行分析，包括：区域目的地与客源地排行及同比增长率，预约出游地省份与目的地省份排行及同比增长率，区域热力图，选择某个区域查看预约旅游热度趋势与同期趋势，可选择不同时间范围进行统计分析与对比分析。另外，可以结合每个省份的疫情态势分析预约旅游热度的变化（见图6-12）。

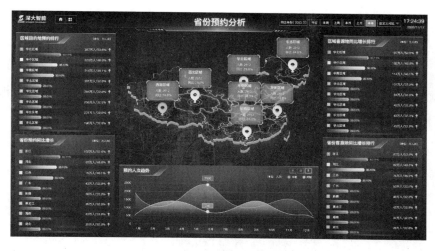

图 6-12　区域预约数据分析效果图

（四）多维预约数据分析

提供多维预约数据分析，包括预约业态占比、人文景观预约占比、本地游与周边游占比、提前预约天数分析、同行人数分析、各类业态排行分析（国家 5A 级旅游景区、红色旅游、文博场馆、主题乐园等）（见图 6-13）。

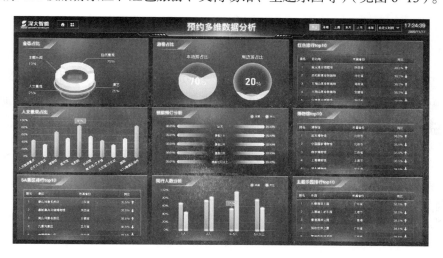

图 6-13　多维预约数据分析效果图

（五）假日旅游预约分析

对年度每个法定节假日的预约旅游数据进行分析，包括每个节假日的累计预约游客量、同比游客量及增长率、本地游与周边游的占比分析、客源地与目的地排行及同比增长等内容（见图 6-14）。

图 6-14　假日预约数据分析效果图

（六）预约游客画像分析

对预约游客画像及结构多维分析，分析内容包括：游客画像累计数量、客源热力图、游客性别占比、游客年龄段占比、同行人数占比分析、客源地省份排行、客源地城市排行（见图 6-15）。

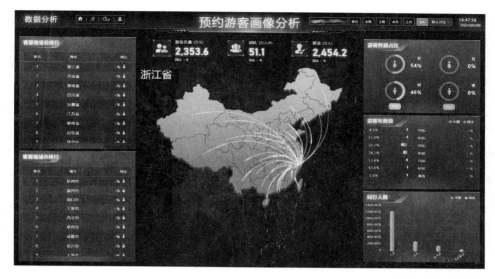

图 6-15　预约游客画像分析

六、面向旅游景区的融合应用改进

本项目在疫情常态化下进行应用与推广，发挥项目科研价值，同时也充分考虑到在非疫情常态化下需要继续发挥本项目成果，助力旅游行业高质量发展。从智慧景区的发展趋势来看，需要积极建立景区大数据分析与应用平台，提高景区整体智慧化管理水平与营销服务能力势在必行，发挥大数据对运营管理的支持作用。一是开展数字化信息采集，构建景区数据资源应用平台。景区通过规范信息的数字化采集，建立游客服务信息、业务经营、日常管理等数据库，把握游客消费特征和历史特征。在此基础上，景区建立集动态监测、数据超标报警、处置及跟踪管理等工作于一体的数据资源应用平台，统筹解决数据采集更新、存储分析、显示发布和管理应用等问题。二是依托景区数据资源库，实现精确预警和科学导流。景区利用获取的景区票务、在线旅游、停车场、游客评价、酒店住宿、餐饮消费、商品销售等数据和重要旅游场所监测情况，开展统计分析，研判人（车）流趋势，实现精确预警，助力景区及时科学疏导人群，减少安全隐患，提升管理效率。依托大数据采集和游客行为分析，结合景区主要景点、游客集散区域和主要商业场所信息化系统，开展景区内部客流动态监控，对各商户和热点场所进行游客匹配和精细化管理。三是加强营销监测分析，助力景区精准营销。整合景区客源信息，结合运营商大数据、互联网大数据、电商大数据，开展客源市场分析、消费市场分析与营销活动分析，监测景区营销效果，建立景区市场发展潜力分析与市场预测预警机制，为景区实施精准营销提供信息和决策支持。在本项目研发成果基础上实现了以下景区大数据分析应用内容。

（一）景区综合数据监测

借助互联网、物联网、云计算、大数据等技术，采集并汇合景区经营管理数据、营销服务数据、游客消费数据、游客行为数据、网络评价数据、生态环境数据等相关数据，构建景区大数据中心，为景区的日常管理与营销服务提供大数据服务。而景区综合监测数据是景区日常运营管理中的重点关注内容，为景区应急指挥调度提供了数据支持，综合监测与分析内容包括：今日实时天气、购票人数、入园人数、景区游客饱和度、时段接待人数及同比分析、游客类型分析、游客来源分析（热力图）、停车场剩余车位及饱和度监测等内容。帮助景区实时感知景区天气情况、售票情况、入园情况、停车情况等重要信息。通过各种数据预警机制与预警模型，在出现预警情况下辅助决策，通过指挥调度系统进行科学调度与处置，提升景区游客接待管理水平，为游客提供安全、舒适的游玩环境，提高游客满意度（见图6-16）。

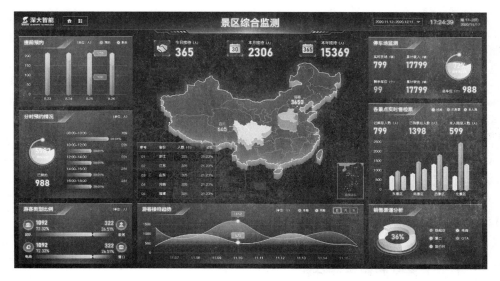

图 6-16 景区综合监测

（二）景区票务收入分析

对接景区预约系统、智能票务系统，采集预约信息、票务基础信息、售票信息等数据，对景区门票收入进行全面分析，分析内容包括：门票收入统计、购买门票的客户类型分析、旅行社购票排行及同比分析、门票销售排行及同比分析、门票销售渠道分析、在线购票排行及同比分析、门票销售金额与购票人数走势分析等，通过票务收入分析帮助景区充分了解票务收入的情况及变化，对景区门票的政策制定与营销决策提供数据支撑（见图 6-17）。

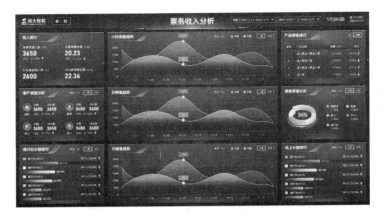

图 6-17　景区票务收入分析

（三）景区游客接待分析

对接景区智能票务系统，采集游客信息与入园数据，全面分析景区游客接待情况，分析内容包括：游客接待数量统计及同比分析、入园时段分析及同期对比，游客接待量的分析，可按日期或月份分析同期接待数量及同期对比分析，同时直观展示游客来源热力分析。通过游客接待数据分析为景区有经验的管理团队对历年的经营情况及总体趋势提供直观的数据分析结果（见图 6-18）。

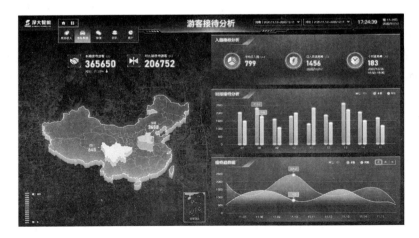

图 6-18　景区游客接待分析

（四）景区游客来源分析

对接景区实名分时预约系统、智能票务系统，采集游客来源数据，对游客来源进行多维度分析，分析内容包括：客源地累计接待量及同比分析，省内游客与省外游客数量变化分析，游客来源热力图分析，客源地排行（按省份和城市排行），省份与城市客源地占比分析（见图 6-19）。为景区营销团队分析客源变化的原因、制订营销推广方案、评估营销活动效果提供数据支撑。

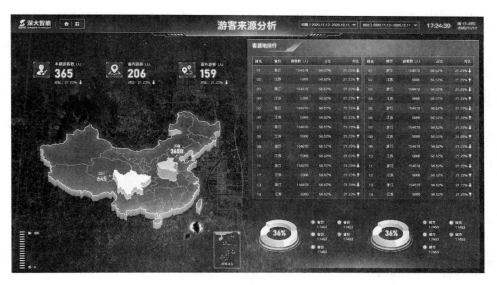

图 6-19　景区游客来源分析

（五）景区游客画像分析

对接景区各类数字化营销与服务系统，采集游客相关的消费与服务数据，利用大数据技术提取高质量多维度的游客数据，据此来还原游客的属性特征、资料背景、兴趣喜好、性格特点、社交人群、消费爱好等潜在属性。了解用户各种行为和需求，精准刻画人群特征，指导和驱动景区营销和旅游产品开发，发现和把握蕴藏在细分海量用户中的巨大商机。另外，通过游客画像分析获取游客消费情况与特征，分析游客消费喜好及消费能力，为景区制定营销政策、调整旅游业态提供数据支撑（见图6-20）。

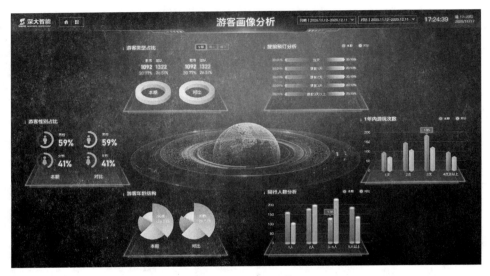

图6-20　景区游客画像分析

（六）景区团队接待分析

对接景区实名分时预约系统、智能票务系统，采集团队及游客信息、报团信息、入园信息等数据，对景区团队接待情况进行分析，分析内容包括：团队数量、团队游客数量、团队客源地排行及同比分析、团队人数规模占比分析、导游统计、团队入园时段分析、组团旅行社排行及对比分析、团队游客走势分析及同比，通过团队接待分析帮助景区掌握旅行团队的营销情况，对旅行团队的政策制定与营销管理决策提供数据支撑（见图6-21）。

图 6-21　景区团队游客接待分析

（七）景区假日接待分析

对接景区实名分时预约系统、智能票务系统，采集游客实名信息、预约信息、入园信息等数据，对景区每个节假日的游客接待情况进行分析，分析内容包括：假日累计接待总人数及同期人数、每日的接待人数及同比分析、假日期间的接待人数走私及同比分析、游客来源热力图、接待游客的省份与城市客源地排行及对比分析、旅行社与在线分析情况等内容，帮助景区在假日期间做好游客接待服务的工作安排并为管理决策提供数据支撑（见图 6-22）。

图 6-22　景区假日接待分析

（八）景区网络渠道分析

对接景区电商平台或分销系统，采集电商平台的相关数据，对景区的网络渠道进行实时分析与监控，帮助景区营销团队做好渠道管理，规范网络分销渠道，提高网络营销收益。分析内容包括：渠道销售统计、渠道销量／销售额排行及同比分析、分销商排行及同比分析、热门产品排行及同比分析、本期与同期分销走势分析（按日、月度）等，为渠道管理决策提供数据支撑（见图6-23）。

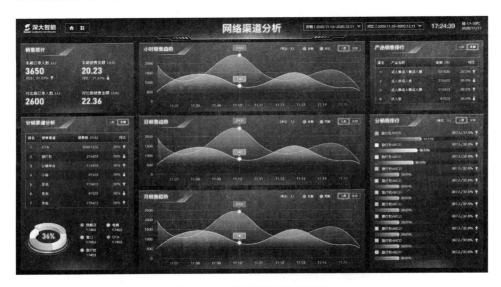

图6-23　景区网络渠道分析

（九）景区电商会员分析

对接景区电商平台，采集电商会员及会员消费数据，全面分析电商会员画像、会员变化与发展趋势、会员产品消费及走势等多维度内容，电商会员分析内容包括：会员数据基本统计、年龄结构、消费频次、客源地、会员等级、会员发展走势等。为电商会员运营及目标考核提供数据支撑，帮助运营人员调整或优化会员运营思路及运营内容，提升会员运营收益（见图6-24）。

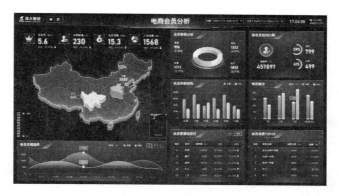

图 6-24 景区电商会员分析

（十）景区微信会员分析

通过微信数据 API 接口对接景区微信服务号，采集微信服务号的粉丝数据、微信文章阅读数据，对景区微信会员进行全面分析，分析内容包括：概要数据统计（粉丝人数、阅读数人数、发文篇数、转发人数等）、文章与图文的阅读排行（每篇文章的阅读量、转发量、收藏量）、微信会员客源地占比分析、性别占比分析、粉丝数走势分析、微信服务号关注渠道分析等。为微信服务号的运营及目标考核提供数据支撑，帮助运营人员调整或优化运营思路及运营内容，提升微信服务号的运营水平和景区品牌知名度（见图 6-25）。

图 6-25 景区微信会员分析

（十一）景区网络舆情分析

接入或采集景区网络舆情数据，对来自各个媒体渠道的敏感信息进行实时监测告警和可视化分析，可为舆情发展态势可视分析、舆情事件可视化溯源分析、传播路径可视分析等，提升管理者对网络舆情的监测力度和响应效率（见图6-26）。

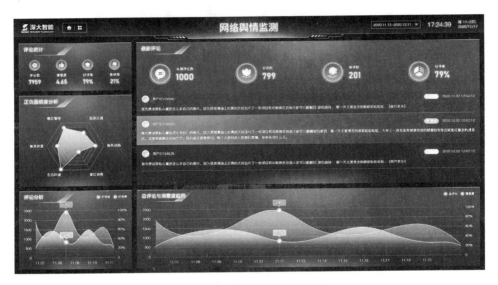

图6-26　景区网络舆情分析

（十二）餐饮经营数据分析

对接景区经营服务的餐饮管理系统，采集餐饮商家基本信息、菜品信息、餐饮消费数据、消费评价信息等相关数据，全面分析景区餐饮经营状况及游客消费情况，分析内容包括：餐饮业务经营基本概况数据、消费游客类型分析、餐饮商家排行及对比分析、热销菜品排行及对比分析、菜品类型排行及同比分析、餐饮消费金额与人次的走势分析（按日或月度）。为餐饮商家的日常经营与管理决策提供数据支撑，提升餐饮智慧化管理水平与盈利能力（见图6-27）。

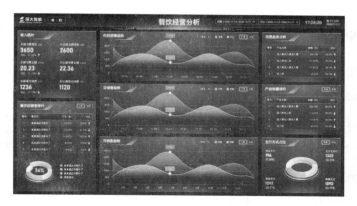

图 6-27　景区餐饮经营分析

（十三）酒店住宿数据分析

对接景区经营服务的酒店管理系统，采集酒店基本信息、客房预订数据、游客入住信息与评价信息等相关数据，全面分析酒店经营及游客消费情况，分析内容包括：酒店经营基本概况数据、住宿客人类型分析、销售渠道分析、客房销售价格走势及同比分析、房型销售情况分析、住宿客人基本画像分析等。这些分析为酒店日常经营与管理决策提供数据支撑，提升酒店智慧化管理水平与营销服务能力（见图 6-28）。

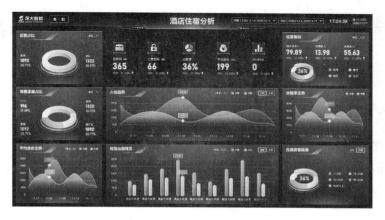

图 6-28　景区酒店住宿分析

（十四）景区停车数据分析

对接景区停车场管理系统，采集车牌信息、停车记录及停车收费等数据，实时监测停车场相关数据：包括游客车辆来源地分析（分别统计本市、本省、省外停车数量）、车辆来源省份及城市排行、停车场车位总数、停车场空余车位数量、停车时长分析、时段停车数及同比停车数等相关数据分析，为停车场科学管理提供数据决策支持，同时为景区营销推广分析及决策提供数据支撑（见图6-29）。

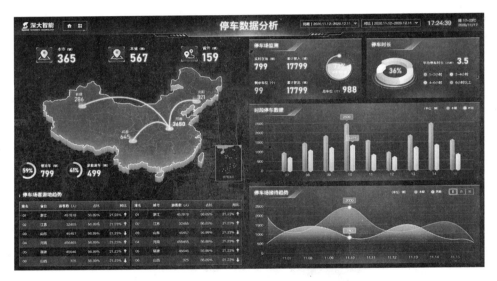

图6-29　景区停车数据分析

（十五）景区商品销售分析

通过对接景区建设的在线商城、商品进销存及零售等相关系统，采集文旅商品的销售数据与游客行为日志，对商品销售情况进行全面分析，包括：商品销售收入统计及同比分析、店铺销售排行及同比分析、商品分类统计及对比分析、热销商品排行及对比分析、按日或月度分析商品销售数量及金额的走势等分析内容，为景区商品设计、营销、活动等相关决策提供数据支撑（见图 6-30）。

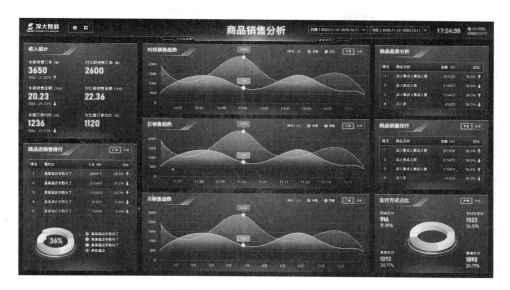

图 6-30　景区商品销售分析

结　语

在"科技助力经济 2020"重点专项支持下，基于分时实名预约的文旅行业疫情防控综合管控云平台项目开展了基于 AI 人脸识别及红外热成像人体测温技术的分时实名预约入园系统研发，支持佩戴口罩状态下的人脸识别及体温检测，基于 GIS 地理信息系统及 AR 增强现实技术的可视化疫情管控系统研发，最终实现区域实时异常体温信息监测告警，监控数据多维度展示，构建一套面向文旅企业的疫情综合防控云平台，实现游客游前分时段实名预约，入园无接触体温检测，游中重点区域实时监控，游后游览信息自动汇总多级上报。

通过搭建科技支撑的文旅行业疫情防控综合管控云平台，将加快文旅企业从被动的现场分流管理向主动的行前预约管理的转变，提高文旅企业应急响应处理能力和数据管理水平，充分发挥现代科技在文旅企业预约服务、信息发布、流量管控、分流疏导等方面的作用，提升行业信息化发展水平。

项目策划：段向民
责任编辑：赵　芳
责任印制：孙颖慧
封面设计：武爱听

图书在版编目（CIP）数据

基于分时实名预约的文旅行业综合管控研究 / 中国
旅游研究院（文化和旅游部数据中心），浙江智游宝信息
科技有限公司，浙江深大智能科技有限公司著 . -- 北京：
中国旅游出版社，2023.4

ISBN 978-7-5032-7028-4

Ⅰ．①基… Ⅱ．①中… ②浙… Ⅲ．①数字技术－应
用－旅游文化－旅游业发展－研究－中国 Ⅳ．
① F592.3-39

中国版本图书馆CIP数据核字 (2022) 第155431号

书　　名：基于分时实名预约的文旅行业综合管控研究

作　　者：中国旅游研究院（文化和旅游部数据中心）
　　　　　浙江智游宝信息科技有限公司　浙江深大智能科技有限公司　著

出版发行：中国旅游出版社
　　　　　（北京静安东里 6 号　邮编：100028）
　　　　　http://www.cttp.net.cn　E-mail:cttp@mct.gov.cn
　　　　　营销中心电话：010-57377103，010-57377106
　　　　　读者服务部电话：010-57377107

排　　版：北京旅教文化传播有限公司

经　　销：全国各地新华书店

印　　刷：三河市灵山芝兰印刷有限公司

版　　次：2023 年 4 月第 1 版　2023 年 4 月第 1 次印刷

开　　本：720 毫米 ×970 毫米　1/16

印　　张：8.5

字　　数：106 千

定　　价：59.80 元

ＩＳＢＮ　978-7-5032-7028-4